No Worries –

Australienreise mit Kind

MANA

Bildnachweis:
Alle Bilder von Judith Quick

Bibliografische Information der Deutschen Bibliothek
Die Deutsche Bibliothek verzeichnet diese Publikation in der
deutschen Nationalbibliografie. Detaillierte bibliografische
Daten sind im Internet unter http://dnb.ddb.de abrufbar.

Umschlagentwurf und Layout
tomcom-potsdam, MANA-Verlag

Redaktion
Patrick Pohlmann

Satz
MANA-Verlag

Druck
EU

ISBN
978-3-934031-06-7

Judith Quick

No Worries –

Australienreise mit Kind

Drei Quicks entdecken Down Under – Ein Reisebericht

Inhalt

Das Abenteuer beginnt

Bereits mehrere Stunden sitze ich nun schon vor unseren gepackten Taschen. Meine Konzentration reicht gerade noch für das Allernötigste. Ich bin aufgeregt und mehrere Fragen gehen mir durch den Kopf: Überstehen wir den langen Flug? Begegnen wir Monsterspinnen und Riesenschlangen? Reicht unser Sonnenschutz? Woher kommen diese Bedenken? Normalerweise bin ich kein Angsthase – okay, bis auf die Phobie gegenüber allen Krabbeltieren, die kleiner sind als Katzen. Liegt es daran, dass wir die erste Fernreise mit unserer Tochter unternehmen? Melissa ist beim Abflug zwei Jahre alt und bereits reiseerfahren: Das spanische Festland, Mallorca sowie die Kanaren kennt sie schon. Ich hoffe sehr, dass sie auch in Australien eine entspannte Reisebegleiterin ist. Vielleicht hat sie die Reiselust von uns geerbt? Manch einer mag sogar behaupten, wir seien reisesüchtig: Ständig sind wir unterwegs.

Australien stand auf meiner Reise-Wunschliste schon immer sehr weit oben. Kängurus, Koalas, Strände, Meer und natürlich Sonne pur: So stelle ich mir Australien vor. Außerdem möchte ich endlich meine australische Brieffreundin kennenlernen. Seit nun 20 Jahren tauschen wir Briefe und mittlerweile E-Mails miteinander aus, doch noch nie haben wir uns gesehen.

Meine Bedenken legen sich und die Vorfreude steigt ins Unermessliche, als Markus, mein Mann, nach Hause kommt und wir mit der S-Bahn zum Frankfurter Flughafen fahren. Wir hatten den ganzen Tag den Wetterbericht verfolgt und den Meldungen vom Flughafen gelauscht. Wegen des Schneefalls in den letzten Tagen wurden viele Flüge storniert. Ob wir wohl starten können und pünktlich aus Frankfurt rauskommen?

Wir haben Glück und kurz nach 23 Uhr ist es soweit: Wir sitzen auf unseren Plätzen und machen es uns so gut es geht gemütlich. Melissa ist bereits völlig erschöpft eingeschlafen und streckt sich nun auf ihrem Platz zwischen uns aus. Zwölf Stunden Flug liegen noch vor uns.

Stopover Singapur

Sanfter Asieneinstieg

Der Flug vergeht schneller als wir vermutet haben. Melissa schläft fast die gesamte Strecke und auch wir können uns ein wenig ausruhen. Dennoch sind wir froh, dass wir von unserem Umsteigepunkt Singapur aus nicht gleich weiter nach Sydney fliegen.

Vor dem Flughafen empfängt uns die feuchtwarme Abendluft Singapurs – nach Schnee und Minusgraden in Frankfurt ein ziemlicher Schock, wenn auch positiv. Während der Taxifahrt zum Hotel staunen wir über die Lichter der Stadt – hell erleuchtete Hochhäuser wohin wir schauen. Etwa fünf Millionen Menschen leben und arbeiten hier auf einer Fläche, die nicht einmal so groß ist wie Hamburg.

Singapur – Asiens Finanzmetropole

Aussicht inklusive – im Pool auf dem Dach des „Marina Bay Sands Hotel"

Am nächsten Tag erleben wir, wie abwechslungsreich das kleinste Land Südostasiens dennoch ist: Hochhäuser reihen sich dicht an dicht, dazwischen blitzen immer wieder bunte asiatische Details hervor. Der Singapore River schlängelt sich durch die Stadt und seine Uferpromenade erscheint uns wie eine ruhige Oase im Großstadtgetümmel. Wir spazieren an ihr entlang bis zum neuen Wahrzeichen der Stadt – dem „Marina Bay Sands", einem an der Marina Bay gelegenen Casino- und Hotel-Komplex. Das Gebäude wurde erst 2010 eröffnet und sieht sehr futuristisch aus. Auf drei Türmen mit jeweils 55 Stockwerken scheint ein Schiff zu liegen. Wir fahren hoch und staunen: zum einen über den Ausblick auf Singapur und das Meer mit zahlreichen Containerschiffen – zum anderen über den riesigen Pool, der sich auf dem Dach entlang streckt. Hätten wir unsere Badesachen dabei gehabt, wären wir hineingesprungen, denn nicht nur Hotelgäste kommen hier in den Badegenuss.

Asiatische Weihnachten

Überhaupt bringt uns Singapur zum Staunen. Nie zuvor haben wir einen Ort gesehen, der so sauber ist. Es ist außerdem ein sanfter Asieneinstieg, denn die Einwohner sprechen Englisch und unsere Mägen werden dank der breiten Restaurantauswahl nicht strapaziert. Sogar das Leitungswasser kann man ohne Bedenken trinken, was das Reisen mit Kind enorm erleichtert. Sicher hätten wir beim Essen experimentierfreudiger sein können, aber heute Abend sind wir glücklich mit Sushi und Gyoza – japanischen Ravioli – und Melissa ist sichtlich stolz über ihre ersten geglückten Versuche, mit Stäbchen zu essen.

Völlig erschöpft fallen wir später in unsere Betten, doch nach wenigen Stunden ist die Nacht für uns vorbei: Der Jetlag lässt uns einfach nicht mehr weiter schlafen. Zuerst bin ich darüber sehr genervt, doch nach einer Weile müssen wir alle nur noch lachen und singen in unserem

Bett Weihnachtslieder. Apropos singen, Melissa singt in Singapur fast die ganze Zeit – logisch, denn der Name Singapur kommt ihrer Meinung nach schließlich von singen.

Wir müssen gar nicht mehr so lange durchhalten, denn kurz vor sieben Uhr holt uns das Taxi zum Flughafen ab. Dort ist die Abflughalle voller Menschen und wir können kaum das Ende der Warteschlangen an den Check-In-Terminals sehen. Merkwürdig: Unser Flug steht gar nicht auf der Anzeigetafel. Noch machen wir uns keine Gedanken. Nach einer Weile jedoch erreicht uns das Gerücht, unser Anschlussflieger habe London wegen des Schneechaos gar nicht verlassen. Nicht eine Sekunde hatten wir daran gezweifelt, problemlos nach Sydney weiter fliegen zu können, nachdem wir trotz dicker Schneemassen den Frankfurter Flughafen pünktlich verlassen hatten. Weit gefehlt: Die wenigen verbliebenen Plätze im nächsten Flugzeug nach Sydney sind schnell vergeben. Doch wir stehen leider noch immer in der Schlange. Mittlerweile sind wir eine kleine Gruppe aus sieben Deutschen, zwei Engländerinnen und zwei Amerikanern. Der Informationsfluss ist jämmerlich. Niemand kann uns sagen, wann und ob wir nach Sydney fliegen können. Nach einer Weile heißt es, wir sollen uns auf Taxis verteilen und damit in ein Hotel fahren, wo wir auf Kosten von Quantas übernachten werden.

Auch wenn wir lieber direkt nach Sydney geflogen wären, sind wir nicht unzufrieden, denn das Hotel ist sehr schön und unser Zimmer riesig. Am Frühstücksbüffet essen wir uns erst einmal richtig satt und entspannen danach am Pool – anstatt noch einmal auf Sightseeing-Tour zu gehen. Eine gute Wahl, wie sich am Ende herausstellt, denn als wir kurz nach dem Mittagessen auf unser Zimmer gehen, finden wir dort eine Notiz mit dem Hinweis, dass wir doch noch heute Abend nach Sydney weiterfliegen können. Nach ein paar Stunden steigen wir gut erholt ins Taxi und später tatsächlich in den Flieger nach Australien.

Sydney

Strandgenuss und Stadt-Flair

Sydney empfängt uns mit Frühlingstemperaturen. Wir sind froh, jetzt endlich hier zu sein. Unser Hotel verlassen wir dennoch schnell wieder, denn wir wollen nicht mehr Zeit als nötig in unserem Zimmer verbringen. Es gefällt uns zwar etwas besser als das erste Zimmer, welches wegen eines Minifensters einer dunklen Höhle glich, doch so richtig wohl fühlen wir uns trotzdem nicht. Das „Arts Hotel" im Stadtteil Paddington entpuppt sich als sehr einfaches Hotel, das eine komplette Renovierung vertragen könnte. Einige Pluspunkte gewinnt das Hotel durch das Personal an der Rezeption: Mit guten Tipps starten wir unsere Tour durch Sydney, wie etwa dem Hinweis auf den „MyMulti-Pass", den wir im Zeitschriftenladen auf der anderen Straßenseite kaufen. Damit können wir während unseres Aufenthaltes in Sydney unbegrenzt mit allen öffentlichen Verkehrsmitteln fahren. Da wir fremde Städte jedoch viel lieber zu Fuß entdecken, haben wir auch die Wanderkraxe dabei, um Melissa zu tragen. Ihre Beine halten noch nicht so lange durch. Dafür hoffentlich Markus Rücken, denn unsere Kleine wiegt fast 16 Kilogramm.

Die Kraxe sieht aus wie ein großer Rucksack. Schon mehrfach hat sie uns gute Dienste beim Wandern geleistet. Auf unseren Flugreisen haben wir nie den Kinderwagen mitgenommen und ihn auch nie vermisst. Mit der Trage konnten wir immer leichter über Baumstämme klettern oder auch am Strand entlang laufen. Da Melissa darin sogar einschläft, muss sie auch bequem sein. Ich bin schon gespannt, wo wir sie noch in diesem Urlaub überall einsetzen werden.

Die mit 4,2 Millionen Einwohnern größte Stadt Australiens ist außergewöhnlich, das merken wir schnell. Wir laufen die Oxford Street entlang – vorbei an vielen Läden, Restaurants und Cafés – bis wir zum Hyde Park gelangen. Von dort ist es nicht mehr weit bis zum Circular Quay Ferry Terminal – dem Hauptterminal aller Fähren, die im Naturhafen Port Jackson verkehren. Jetzt sehen wir auch schon

Sydney, Australiens heimliche Hauptstadt, mit der Harbour Bridge

das Wahrzeichen der Stadt: das Sydney Opera House. Als formelles Staatsoberhaupt Australiens eröffnete Queen Elisabeth II. im Jahr 1973 das neue Opernhaus. Schon tausende Male hatten wir die Oper auf Bildern oder im Fernsehen gesehen und nun stehen wir direkt davor. Die hellen Fliesen leuchten in der Sonne und wir sind sehr beeindruckt. Für uns sieht das Opernhaus aus wie eine riesengroße Muschel, obwohl der dänische Architekt Jøern Utzon damit die Schalen einer Orange nachempfinden wollte. Es wundert uns nicht, dass bei dieser ungewöhnlichen Dachkonstruktion die Bauzeit fast doppelt so lang war wie ursprünglich geplant und das Budget deutlich überschritten wurde.

Wir müssen den Kopf nur ein wenig drehen, um ein weiteres Wahrzeichen Sydneys zu bestaunen: die Harbour Bridge. Die Brücke verbindet seit 1932 die nördlichen mit den südlichen Stadtteilen. Da ihre Form einem Kleiderbügel ähnelt, trägt sie den Spitznamen „coat hanger". Wir sehen eine kleine Gruppe von Mutigen, die auf der Harbour Bridge hochsteigt. Wie Ameisen krabbeln sie auf dem Brückenbogen entlang. Wir hingegen fahren unter der 502 Meter langen und

134 Meter hohen Stahlkonstruktion hindurch, nachdem wir in eine Fähre zum Darling Harbour eingestiegen sind.

Ursprünglich gehörte der Darling Harbour zum Handelshafen von Sydney mit Lagerhäusern und Fabriken. In den 1980er Jahren riss man die Hafenanlagen ab und baute das Stadtviertel um. Heute reihen sich hier Restaurants, Einkaufszentren und Museen aneinander. Da ich während der Fährfahrt beinahe eingeschlafen wäre, bitte ich Markus von nun an, Sydney zu Fuß zu erkunden. Ich bin müde und kämpfe mit dem Zeitunterschied, denn im Gegensatz zu Markus und Melissa hatte ich im Flugzeug kein Auge zumachen können. So laufen wir vom Darling Harbour am Ufer entlang bis zum ältesten Stadtteil The Rocks. In seinen schmalen Gassen und restaurierten viktorianischen Häusern sind Galerien und Geschäfte untergebracht. In einem finden wir eine große Touristeninformation. Wir nehmen uns Broschüren mit, die zahlreiche Tipps für unseren Aufenthalt in Sydney enthalten.

Nun neigt sich der Tag dem Ende entgegen und wir kehren in die Oxford Street zurück. In einem Pub direkt neben unserem Hotel entdecken wir für jeden von uns etwas auf der Speisekarte: Markus probiert einen Salat, Melissa Bruschetta mit frischen Tomatenstückchen und ich eine Schüssel voller Gemüse – alles schmeckt sehr lecker.

Am nächsten Tag bin auch ich in der australischen Zeit angekommen. Mit dem Bus fahren wir zum Circular-Quay-Fährterminal. Mit mehreren Fähren hüpfen wir von Ufer zu Ufer und erkunden so verschiedene Ecken Sydneys. Den Vorort Manly erreichen wir nach etwa dreißig Minuten. Allein die Fährfahrt ist ein Erlebnis, da wir durch den gesamten Hafen in Richtung Norden fahren. Hier wird der Wellengang spürbar rauer, doch bevor unsere Mägen etwas davon merken können, sind wir schon angekommen. Manly ist nicht so beschaulich, wie ich vermutet hatte. Eine Kleinstadt mit vielen Häusern liegt vor uns. Zum Schmunzeln bringt uns ein guter Bekannter aus Deutschland: Direkt am Fähranleger stolpern wir über einen Aldi-Supermarkt und geben ihm gleich den Spitznamen „Aldi sehr Süd". Die Produktpalette unterscheidet sich gar nicht großartig von unserer. Wir sehen sogar weihnachtliche Produkte, wie Lebkuchen und Stollen – und das bei fast 30 °C. Melissa ist glücklich, als wir ihr ein Eimer-Schaufel-

Set kaufen und will es am liebsten sofort ausprobieren. Damit muss sie sich jedoch noch ein wenig gedulden, denn wir wollen uns zuerst einen Überblick über Manly verschaffen.

Vom Fähranleger zieht sich eine gut besuchte Einkaufsstraße mit zahlreichen Geschäften bis zum größten Strand – dem Manly Beach. Der allerdings ist die Reise wert: Wir blicken auf eine weite Bucht mit feinem, gelben Sand. Es haben sich schon viele Sonnenhungrige am Strand versammelt und die *Lifeguards* haben viel zu tun. Ständig rufen die Rettungsschwimmer: Surfer sollen den Badegästen nicht zu nah kommen und nicht so gute Schwimmer sollen die Strömung beachten – alles laut übers Mikro.

Auch am Shelly Beach ist viel los. Die kleine Bucht ist nur einen kurzen Fußmarsch vom Manly Beach entfernt und bietet einige schattige Plätze unter Bäumen. An den Grillstationen, die wir in Australien noch öfter sehen werden, tummeln sich Menschen und es duftet verführerisch. Wir erfahren später: Australier grillen unheimlich gerne. Außerdem findet das Leben viel mehr draußen statt als bei uns in Deutschland – den Wetterbedingungen sei Dank.

Der Strand von Manly nahe der Fähranlegestelle

Nach einem kurzen Stopp entschließen wir uns, einen Teil des Sydney-Harbour-Nationalparks zu erkunden. Fast allein sind wir auf den Wanderwegen unterwegs. Kein Wunder, denn es ist mittlerweile sehr warm geworden. Melissa möchte nun auch so schnell wie möglich ihr neu erworbenes Eimer-Schaufel-Set ausprobieren und ich habe Hunger. Nach gut zweieinhalb Stunden kehren wir an den Manly Beach zurück. Wir holen uns frisch gegrilltes Fischfilet und Salat von einem kleinen Fischladen und setzen uns auf eine Bank direkt an der Strandpromende. Es schmeckt sehr lecker, doch warum müssen die Australier immer fast eine komplette rohe Zwiebel in den Salat schneiden? Bin ich die einzige, die Zwiebeln am liebsten klitzeklein und nur stark angebraten mag? Egal, ich bin jetzt satt und zufrieden und freue mich darauf, meine Füße in den Sand zu stecken.

Am Strand beobachten wir drei deutsche Touristen, wie sie sich mit Weihnachtsmannmützen fotografieren. Genau, in zwei Tagen ist Heiligabend, doch wegen der sommerlichen Temperaturen spüren wir wenig weihnachtliche Stimmung. Das stört uns überhaupt nicht. Glücklicherweise ist es auch Melissa noch nicht wichtig, mit uns bei Kerzenschein unter dem Weihnachtsbaum zu sitzen und gespannt auf den Weihnachtsmann zu warten. Viel wichtiger ist für sie, dass sie bald Geburtstag hat und dann drei Jahre alt wird. Dann kann sie nämlich so lange im Kindergarten bleiben, wie sie möchte. Apropos bleiben, wir genießen noch eine Weile die Abendsonne am Strand, bevor wir zurück zum Hotel fahren.

Am nächsten Tag wollen wir wieder wandern. Hierfür haben wir uns die etwa viereinhalb Kilometer lange Strecke vom Bondi zum Coogie Beach ausgesucht. Dafür fahren wir zuerst mit dem Bus zu Sydneys berühmtem Stadtstrand. Uns gefällt der breite Bondi Beach, und besonders der Sand verblüfft mich – er ist weich wie Puderzucker. Im östlichen Vorort Bondi sollen auch zahlreiche Stars wohnen: Wir treffen zwar keinen, sehen allerdings zahlreiche Häuser, die uns sehr gut gefallen würden – Meerblick inklusive. Und träumen ist ja erlaubt.

Wir beobachten Surfer, wie sie auf den Wellen reiten und über das türkisblaue Wasser sausen. Wir sehen jedoch auch andere, die noch nicht so geschickt auf den Brettern stehen: Verzweifelt probieren sie,

Berufswunsch Rettungsschwimmer

eine Welle zu erhaschen und kommen nach einer Weile erschöpft aus dem Wasser. Nur zu gut können wir nachvollziehen, wie sie sich fühlen. Markus und ich haben es auch schon mehrfach mit dem Wellenreiten versucht – mal mit mehr und mal mit weniger Erfolg. Spaß hatten wir dabei immer und vielleicht wagen wir uns auch in Australien wieder auf die Bretter. Heute wollen wir jedoch wandern.

Der Wanderweg ist einfach zu finden und führt direkt an der Küste entlang. Kleine Buchten und Sandstrände unterbrechen immer wieder die Steilküste. Das sanfte Auf und Ab lässt Melissa in der Kraxe einschlafen. Wir schnallen sie ab und legen sie in den Schatten unter einen Baum. Die Pause nutzen wir für einen kleinen Imbiss und warten geduldig, bis unsere Kleine wieder aufwacht. Als es soweit ist, hat auch sie Hunger, so dass wir schnell zum Coogee Beach weiterlaufen. Hier finden wir ein nettes, kleines Café mit frischen Salaten. Obwohl ich sehr wählerisch sein kann, wenn es ums Essen geht, muss ich mich bisher nicht beschweren. Fast überall finde ich Gemüse und Salate auf der Karte. Auch Melissa ist froh, denn sie bekommt einen

Wanderweg zwischen Bondi und Coogee Beach

„Babyccino" – eine Tasse aufgeschäumter Milch mit Kakaopulver. Sie nennt ihn allerdings Kinder-Cappuccino, denn sie ist ja kein Baby mehr. Wie eine Große baut sie auch etwas später Sandburgen und läuft am Strand hin und her. Wir können sie nur schwer davon überzeugen, den Bus zurück zum Hotel zu nehmen.

Zum Abendessen besuchen wir heute einen Bücherladen – nur wenige Häuser neben unserem Hotel. Im zweiten Stock befindet sich ein Café, das auf Anhieb gemütlich wirkt. Da Markus und ich sehr gerne lesen und auch Melissa schon zu einem kleinen Bücherwurm geworden ist, gefällt uns die Atmosphäre mit den Bücherregalen und Stapeln von neuen und alten Zeitschriften. Wir setzen uns auf Bänke an einen großen Tisch in der Mitte und Melissa und ich beißen genüsslich in unsere Vollkornbrötchen mit gegrilltem Gemüse. Auch Markus schmeckt sein Linsensalat, den ich natürlich probieren muss; ich stimme ihm zu. Später im Hotel nehmen wir die Broschüren aus der Touristeninformation zur Hand uns sammeln Ideen für den morgigen Tag.

Als wir aufwachen, zeigt sich der Himmel wieder in einem strahlenden Blau. Heute ist Heiligabend und wir wollen den Taronga Zoo besuchen. Vom Circular Quay aus ist es mit der Fähre nur ein Katzensprung. Der Zoo liegt direkt gegenüber vom Stadtzentrum und bietet von vielen Punkten einen Ausblick auf die Skyline. Die Giraffen haben dafür eindeutig den besten Platz erwischt. Nicht nur wegen der Aussicht lohnt sich der Besuch. Der weitläufige Park ist schön angelegt und in einem Gehege dürfen Besucher sogar ohne Zaun an Kängurus vorbeispazieren. Diese liegen faul in der Sonne und scheinen sich nicht von den Touristen stören zu lassen. Einem deutschen Studenten, der an der Kasse Eintrittskarten kontrolliert, wünschen wir frohe Weihnachten. „Für die Australier hat der 24. Dezember keine große Bedeutung", sagt er uns und fügt hinzu, sie würden Weihnachten am 25. und 26. Dezember feiern. Morgen,wenn wir nach Brisbane zu unseren australischen Freunden fliegen, werden wir mehr über die australischen Weihnachtsrituale erfahren.

Australische Weihnachtsdekoration

Für den Zoo nehmen wir uns den ganzen Tag Zeit und werfen in fast jedes Gehege einen Blick – nur in das Haus mit den Vogelspinnen kriegt mich Markus nicht. Zu sehr grusele ich mich vor ihnen und bekomme schon beim Gedanken an die vielen haarigen Beine eine Gänsehaut. Ganz niedlich jedoch finde ich die Koalas, die gerade im Baumwipfel schlafen, als wir bei ihnen vorbeischauen. Um einen wachen Koala zu erleben, muss man sehr viel Glück und Geduld haben, denn die Tiere schlafen bis zu 20 Stunden am Tag.

Außerdem sehen wir unter anderem Elefanten, Affen und winzige Nilpferde, die wir für Jungtiere halten; tatsächlich handelt es sich um Zwergnilpferde. Lachen müssen wir über die Ausstellung von für uns überhaupt nicht exotischen Tieren: Hinter einem Zaun laufen tatsächlich mehrere Hühner einem stolzen Hahn hinterher. Gibt es in Deutschland einen Zoo, der Hühner ausstellt? Zu guter Letzt sehen wir uns noch eine Vogel-Show an und fahren dann zum Hotel zurück. Von der Möglichkeit, in Zelten im Zoo zu übernachten, erfahren wir leider zu spät. Das wäre sicherlich ein Erlebnis gewesen.

Im Hotel bereiten wir uns auf unsere Abreise am nächsten Tag vor. Wir prüfen noch einmal unsere Abflugzeit und verstauen unsere Sachen. Das dauert nicht lange, da wir nicht viel ausgepackt haben. Wir sind es gewohnt, im Urlaub aus Taschen zu leben und haben für diese Reise gut geplant: Anstatt zu viel Gepäck dabei zu haben, wollen wir unsere Klamotten lieber zwischendurch einmal waschen.

Entspannung pur

Giraffen haben die beste Aussicht

Brisbane

Eine Metropole versinkt im Regen

Am nächsten Morgen genießen wir noch einmal die warmen Sonnenstrahlen, als wir vor dem Hotel auf unser Taxi zum Flughafen warten. In dem Moment ahnen wir noch nicht, dass wir lange warten müssen, bis wir wieder in diesen Genuss kommen. Unserer Tochter hatten wir vor dem Abflug aus Deutschland erzählt: „In Australien scheint immer die Sonne und es regnet so gut wie nie." Leider zeigt sich der „Sunshine State", wie der Bundesstaat Queensland genannt wird, aber gar nicht von seiner Sonnenseite. Es regnet als wir nach gut einenhalb Stunden Flug in Brisbane landen, und es regnet noch immer, als uns der Taxifahrer vor dem Haus unserer Freunde im Stadtteil Paddington absetzt. Wir hoffen auf besseres Wetter am nächsten Tag. Von unseren Freunden erfahren wir allerdings, dass es bereits seit zwei Monaten mehr oder weniger ohne Unterbrechung regnet – ein Ende sei noch nicht abzusehen. Einen Vorteil hat der Regen: Es ist nicht so schwül wie sonst und die Insekten scheinen regenscheu zu sein. Besonders letzteres kommt mir sehr entgegen, denn es kommt mir so vor, als ob Markus und Melissa keinen Mückenschutz brauchen, solange ich in der Nähe bin.

Unsere Freunde empfangen uns mit einem typischen Weihnachtsessen: Truthahn mit Preiselbeeren sowie Schinken mit einer deftigen Bratensoße. Zum Nachtisch probieren wir Pavlova. Über den Namen muss ich lachen – er klingt für mich nach einer russischen Eiskunstläuferin. Später erfahre ich, dass diese Baisertorte, die Rebecca mit Himbeeren, Brombeeren, und Blaubeeren verziert, tatsächlich nach einer berühmten russischen Ballerina benannt wurde – Sünde pur, aber lecker.

Melissa freut sich besonders über die Spielsachen der einjährigen Tochter Rana. Als hätte sie seit Monaten keine Spielzeuge gesehen, untersucht sie alles genau und strahlt übers ganze Gesicht. Wir Erwachsenen schwelgen derweil in Erinnerungen: Ich hatte Rebecca und Opi vor fast genau sieben Jahren in einem Youth Hostel auf einer

Reise durch Kanada kennen gelernt. Die beiden waren gerade auf einer Weltreise. Während ihrer Reise besuchten sie sogar Markus und mich in Frankfurt und gemeinsam verbrachten wir ein Wochenende in Berlin.

Seinen Namen erhielt Opi von seinem Vater, der aus Tonga stammt. Als ich Rebecca und Opi von unseren Plänen erzählte, nach Australien zu kommen, waren sie sofort begeistert und freuten sich, uns endlich wiederzusehen. Da die beiden genauso reiselustig sind wie wir, schlugen sie uns vor, gemeinsam nach Fraser Island zu fahren. Sie waren noch nie dort und wir sind froh über die einheimischen Reiseführer.

Einen Tag haben wir für Brisbane eingeplant und glücklicherweise fahren noch die Fähren auf dem Brisbane River. So lernen wir die drittgrößte Stadt Australiens ein wenig vom Wasser aus kennen – bei Dauerregen. In der Hauptstadt von Queensland leben etwa zwei Millionen Menschen, und unsere Freunde erzählen uns, die Skyline habe

Brisbane im Regen

sich in den letzten 20 Jahren stark verändert: Zahlreiche Hochhäuser sind dazugekommen und haben der Stadt zu einem großstädtischen Flair verholfen. Ihrer Meinung nach geht es im Vergleich zu Sydney und Melbourne jedoch immer noch sehr gemütlich zu. Auch deshalb leben sie gerne hier und können sich keinen besseren Ort vorstellen. Doch zurzeit bereiten ihnen der Regen und die Flut Sorgen. Ein Großteil von Queensland steht bereits unter Wasser – das entspricht einer Fläche, die etwa so groß ist wie Deutschland und Frankreich zusammen.

Drei Wochen nach unserem Besuch tritt auch der Brisbane River übers Ufer und überflutet große Teile der Stadt. Der Wivenhoe-Staudamm, der Brisbane zuvor geschützt hatte, hat wegen des Dauerregens sein maximales Fassungsvermögen erreicht. Wir sind froh, als sich unsere Freunde bei uns melden und uns mitteilen, dass sie Glück gehabt haben: Da ihr Haus auf einem Hügel steht, waren sie von der Flut nicht direkt betroffen. Sie waren clever genug, sich bereits vor dem Kauf Gedanken über einen möglichen Wasseranstieg zu machen. Den gestiegenen Wasserpegel können wir auch jetzt schon deutlich erkennen: Die Fußwege am Ufer sind überflutet und die Stege an den Fähranlegern liegen zum Teil nur noch einige Zentimeter über dem Wasser. Auf der Fährfahrt begleiten uns Rebeccas Cousine, ihr Mann und ihre drei kleinen Kinder. Sie sind aus Sydney gekommen, um die Weihnachtsferien in Queensland zu verbringen. Es stellt sich heraus, dass sie schon öfter auf Fraser Island waren. Somit erhalten wir zahlreiche Tipps für unseren Ausflug. Am Nachmittag holen Markus und Opi unsere Mietwagen ab. Wir mussten Geländewagen mieten, da nur Autos mit Allradantrieb auf der Insel zugelassen sind. Besonders Opi freut sich sehr auf den Ausflug, denn für ihn ist das Geländewagenfahren ein geliebter Freizeitsport. Im Northern Territory, wo er aufwuchs, fuhr er mit seinen Freunden durch die Wälder und an Stränden entlang. Seine Erfahrung will er nun gerne mit uns teilen.

Fraser Island

Paradies auf Sand

Mit unseren Autos machen wir uns auf den Weg in Richtung Fraser Island – der größten Sandinsel der Welt. Sie liegt etwa 190 Kilometer nördlich von Brisbane vor der Ostküste Australiens. 1992 hat sie die UNESCO zum Weltnaturerbe ernannt. Ich bin sehr gespannt, denn Freunde in Frankfurt hatten von der Insel geschwärmt.

Es dauert ein wenig, bis sich Markus an das Linksfahren gewöhnt hat: Anfangs fährt er etwas zu weit links und verwechselt den Blinker mit dem Scheibenwischer. Letztgenannten brauchen wir leider sofort, denn es regnet wieder in Strömen. Wir freuen uns jedesmal, wenn es aufklart und wir die Scheibenwischer ausstellen können. Doch dann fängt es plötzlich noch stärker an zu regnen als zuvor. Wird es auch auf Fraser Island regnen? Wir erfahren es etwa vier Stunden später, als wir auf der Insel ankommen.

Zuvor müssen wir noch in dem winzigen Ort Rainbow Beach Fähr-Tickets kaufen. Diese kosten für die Hin- und Rückfahrt 85 Australische Dollar – ein stolzer Preis für eine Überfahrt von zehn Minuten. Es stellt jedoch die günstigste und schnellste Art dar, auf die Insel zu kommen. Außerdem müssen wir noch einen sogenannten *Permit* für 30 Australische Dollar kaufen, eine Erlaubnis der Nationalparkverwaltung, um auf Fraser Island mit unseren Autos fahren zu können. Rebecca erklärt uns, saftige Strafzahlungen seien möglich, wenn wir ohne Erlaubnis von der Nationalparkverwaltung erwischt würden.

Eine kleine Fähre, auf der nur wenige Autos Platz haben, bringt uns schnell über eine ruhige See. Ein wenig mulmig ist mir zumute, als wir auf der Insel ankommen: Wir rollen von der Fähre direkt auf einen breiten Strand. Nie zuvor bin ich mit einem Auto auf Sand gefahren. Auf Fraser Island gibt es jedoch keine Straßen – nur Wege aus Sand und Matsch und einen langen, breiten Strand, der hier eine Art Strandautobahn ist. Der 75 Mile Beach zählt zu den schönsten Stränden Australiens, doch heute ist er von einer grauen Wolkendecke umhüllt und das Meer spült weißen Schaum ans Ufer. Richtig bedrohlich sieht das dunkle Wasser aus. „Fahr nicht so weit ins Wasser", bitte ich Markus mehr als einmal. Dann müssen wir sogar einen Fluss überqueren – ohne Brücke. Wir können nicht einmal genau erkennen, wie tief das Wasser ist. Als sich Opi und Rebecca hineinwagen, verschwindet ihr Auto bis zur Hälfte im Wasser. Wir fahren hinterher und ich halte die Luft an. Markus fährt etwas weiter rechts hinein und ich frage mich noch, ob das eine gute Idee ist. Es ist perfekt, denn wir versinken nicht so weit im Wasser und kommen unversehrt am anderen Ufer an.

Nach weiteren 45 Minuten erreichen wir Eurong – eine kleine Siedlung im Westen der Insel. Hier haben wir für vier Nächte ein Ferienhaus gemietet. Nachdem wir zweimal um die Siedlung gekurvt sind, finden wir es schließlich. Voller Erwartung gehen wir hinein. Doch leider werden wir enttäuscht. Das Haus wirkt nicht sehr einladend: Es riecht muffig und in der Küche rostet der Herd vor sich hin. Wir hoffen, das Haus mit unseren Sachen gemütlicher machen zu können, und machen uns direkt ans Auspacken. Ob es uns bei Sonnenschein besser gefallen hätte? Sicherlich. Wir nehmen uns vor, das Beste daraus zu machen.

Am nächsten Tag fahren wir zur anderen Seite der Insel. Die Fahrt ist ein Erlebnis. Wieder habe ich Angst, im Matsch stecken zu bleiben, doch diese erweist sich als völlig unnötig, denn Markus und Opi sausen wie zwei Profis durch die großen, schokoladenbraunen Pfützen. So muss sich Jutta Kleinschmidt bei der Rallye Paris - Dakar gefühlt haben. Bei unserer Fahrt kommt allerdings noch Regen und Matsch dazu. Wir fahren vorbei an Mangrovensümpfen und durch tropischen Regenwald – alles bei Regen. Bei Regen steigen wir dann auch beim Kingfisher Bay Resort im Osten der Insel aus und schlendern zur Fähranlegestelle. Als wir dort ankommende Touristen mit Campingausrüstung sehen, sind wir zum ersten Mal richtig froh, in unserem Häuschen zu übernachten.

Nach unserer Mittagspause steigen wir wieder in die Autos, und meine Angst ist wie von Zauberhand komplett verschwunden. Endlich habe ich Spaß am Matschfahren. Melissa hingegen stören die wackligen

Rallye-Team Deutschland vs. Team Australien

Straßen immer mehr. Doch es gibt keinen anderen Weg zurück und so helfen nur viele Lieder und Geschichten vom Schlaraffenland. Die Pfützen, die wie Schokoladenseen aussehen, lassen meine Fantasie sprühen, und so kann ich Melissa zum Lächeln bringen.

Nach der Autofahrt müssen wir uns endlich bewegen. Bei schönem Wetter hätten wir die Wanderwege der Insel erkundet, doch so unternehmen wir wenigstens einen Strandspaziergang, um unsere Muskeln zu strecken. Es kommt ein wenig Nordsee-Feeling auf, denn der Regen peitscht und der Wind bläst uns ins Gesicht – glücklicherweise ist es jedoch warm.

Am vorletzten Tag trauen wir unseren Augen kaum: blauer Himmel und keine Regenwolke in Sicht. Wir packen die Badesachen ein und fahren voller Vorfreude los. Zuerst halten wir an der Mündung des Eli Creek – ein Bach, der hier an den meisten Stellen nur knietief und somit ideal zum Waten ist. Wir beobachten Kinder, die sich von der Strömung auf einem Boogie Board – einer Art Mini-Surfbrett – tragen lassen und dabei vor Freude lachen. Wir sind nicht die einzigen Besucher: Autos reihen sich am Strand aneinander. Wo haben die Menschen an den letzten beiden Regentagen gesteckt? Auf den Matschwegen fuhren wir oft allein und waren froh darüber, denn Überhol- und Ausweichmanöver auf den schmalen Wegen forderten die volle Konzentration von Markus und Opi.

Der 75 Mile Beach hingegen, auf dem wir weiter in Richtung Norden fahren, ist breit wie eine Autobahn. An seinem Ufer liegt ein verrostetes Schiffswrack. Der ehemalige Luxusliner S.S. „Maheno" lief im Jahr 1935 nach einem Wirbelsturm an der Ostküste der Insel auf Grund. Zuerst hatte man versucht, das Wrack zu entfernen, später nutzte es die australische Luftwaffe für Trainingszwecke. Heute sind die Reste des Wracks ein beliebtes Fotomotiv – genauso wie die Pinnacles nur wenige Kilometer nördlich. Im Sonnenlicht schimmern die Sandfelsen rötlich-gelb.

Jetzt wird es Zeit für unser Picknick. Dafür nutzen wir eine Aussichtsplattform mit Blick auf einen kleinen See. Morgens hatten wir unserer Kühltasche mit dem restlichen Brot, Äpfeln, Tomaten und Avocado gefüllt und machen uns daraus nun leckere Sandwiches. Dank Rebecca waren wir die ganze Zeit bestens versorgt. Vor der

Eli Creek

Reise schrieb sie einen Essenplan und wir kauften unser gesamtes Essen noch in einem Supermarkt auf dem Festland. Auf Fraser Island wäre alles deutlich teurer gewesen. Das will was heißen, denn selbst die Preise im Supermarkt in Brisbane hauten uns fast um. Für unseren Aufenthalt auf der Insel kauften wir Obst, Gemüse, Brot, Müsli, Reis, Nudeln, Milch, Joghurt und Wasser für umgerechnet fast 200 Euro ein.

So gestärkt fahren wir zum Lake McKenzie – etwa neun Kilometer nördlich vom Central Station (dem früheren Zentrum der Forstindustrie, das heute als Camping-Areal dient) – und staunen: Vor uns liegt ein See mit türkisblauem Wasser und weißem Sandstrand. Ich war noch nie in der Karibik, doch so stelle ich mir die Strände dort vor. Schnell ziehen wir die Badesachen an und springen ins kristallklare, warme Wasser hinein. Melissa läuft ununterbrochen rein und raus und plantscht im flachen Wasser am Ufer. Als sie eher unfreiwillig kurz abtaucht, stellt sie fest: „Das Wasser schmeckt gar nicht salzig." Der Süßwassersee ist der bekannteste See der Insel. Daher erstaunt es uns wenig, als immer mehr Menschen ankommen. Eine ganze Busladung deutscher Touristen läuft an uns vorbei und schwärmt genauso wie wir von der paradiesisch schönen Kulisse.

Das Wrack der S.S. „Maheno"

Wir sind sehr froh, dass wir nicht von der Insel geflüchtet sind, als es nicht aufhören wollte zu regnen. Der Regen hatte sogar etwas Gutes: Die Nächte waren angenehm kühl und uns blieben Mücken und Bremsen erspart. Die einzigen Insekten, die mir einen Schreck eingejagt haben, waren die Zirkaden. „Die sind völlig harmlos", versichert mir Opi, als er das etwa zehn Zentimeter große Insekt mit bloßen Händen aus unserem Haus trägt. Es war hereingeflogen, als Rebecca sich am Abend ein Kissen aus ihrem Auto holen wollte. Ich bot ihr noch vorher meins an, denn ich wollte unbedingt vermeiden, dass auch nur ein Insekt den Weg in unser Haus findet, die vom Licht angezogen wie verrückt gegen die Insektenschutztür flogen. Ich hätte niemals den Mut gehabt, auch nur einen Schritt vor die Tür zu gehen.

Gar nicht so ungefährlich sind hingegen die Dingos. Sie ähneln Haushunden und wirken harmlos. Auf Beutesuche sollen sie jedoch in der Vergangenheit schon den einen oder anderen Touristen angegriffen haben. Broschüren warnen Besucher, ihnen nicht zu nahe zu kommen, und Zäune schützen die kleinen Siedlungen vor dem Eindringen der verwilderten Hunde. Wir waren sehr aufgeregt, als wir den ersten Dingo am Strand sahen und passten auf, dass Melissa und

Rana ganz in unserer Nähe blieben. Der Dingo verschwand in den Dünen so schnell wie er gekommen war.

An unserem Abreisetag zeigt sich Fraser Island noch einmal von der Sonnenseite. Den 75 Mile Beach entlang fahren wir bei strahlend blauem Himmel in Richtung Fähranleger. Dort müssen wir nicht lange warten, bevor wir übersetzen können. Zurück im kleinen Ort Rainbow Beach betanken wir unsere Autos, denn auch Sprit ist auf der Insel viel teurer als auf dem Festland. Außerdem kaufen wir uns ein *Permit* für den Cooloola-Nationalpark, denn wie bereits für Fraser Island brauchen wir auch hier für die Durchfahrt die Erlaubnis der Nationalparkverwaltung. Wir kleben den Aufkleber an unsere Frontscheibe und werden kurz nach der Einfahrt in den Park auf einem schmalen Sandweg tatsächlich von Rangern kontrolliert.

Der Cooloola-Nationalpark ähnelt Fraser Island. Auch hier fahren wir auf sandigen Waldwegen und am Strand entlang. Wir kommen an zahlreichen Campern und Anglern vorbei und erreichen schließlich die Fähre nach Noosa – einer der beliebtesten Urlaubsorte an der

Ein Dingo am 75 Mile Beach

Sunshine Coast. Wegen des mediterranen Flairs wird er gerne das australische Saint Tropez genannt. Wir können das gut verstehen und sind ganz verzaubert von den glitzernden Kanälen, dem Strand und den kleinen Straßen mit Restaurants und Cafés. Auch Melissa gefällt es prima: Sie schleckt ein Eis mit Macademianüssen und entdeckt einen Spielplatz. Es kostet uns wieder mal etwas Mühe, sie nach einer Stunde zum Weiterfahren zu überreden. Wir müssen jedoch los, denn wir wollen noch in diesem Jahr in Brisbane ankommen – heute ist nämlich der 31. Dezember 2010.

Unsere Silvesterfeier verläuft unspektakulär, doch kulinarisch ist sie ein Genuss. Wir bestellen thailändisches Essen und machen es uns auf der Terrasse von Opi und Rebecca gemütlich. Nie zuvor habe ich so leckeren Kokosreis gegessen und auch das in Bananenblättern geschmorte Hühnchenfleisch schmeckt köstlich. Melissa und Rana schlafen bereits und können erst am nächsten Tag davon probieren. Wir erzählen Opis Schwester und deren Freundin von unseren Erlebnissen auf Fraser Island. Die beiden sind für ein Musikfestival aus Neuseeland angereist. Aufgrund ihres Fluges und des Zeitunterschiedes ist ihnen genauso an einem entspannten Jahresausklang gelegen wie uns.

Den Start ins neue Jahr hat sich Markus ein wenig anders vorgestellt. Gleich nach dem Frühstück muss er mit Opi die Autos waschen, was nach den Matschwegen und dem vielen Sand eine längere Prozedur ist. Zum Glück bin ich nicht dabei, als Markus eine handgroße Spinne auf einem Hinterrad entdeckt. Damit wir unsere komplette Kaution zurückbekommen, schrubben und wischen die beiden, bis die Autos vollständig vom Sand befreit sind und stärker glänzen als am ersten Tag. Währenddessen plane ich bereits unsere nächsten drei Tage bis zum Rückflug nach Sydney, und Melissa wühlt sich durch die Spielzeugbox von Rana.

Da der Wetterbericht für Brisbane wieder nur Regen, Regen, Regen vorhersagte, wollen wir flüchten. Byron Bay an der Goldcoast etwa zweieinhalb Autostunden südlich von Brisbane scheint uns dafür geeignet. Das müssen sich noch andere Touristen gedacht haben, denn im Internet finden wir kaum noch freie bezahlbare Unterkünfte. Wir sind mitten in der Hochsaison, und nicht nur Touristen, sondern auch viele Australier nutzen die ersten Tage des neuen Jahres für einen Kurzurlaub am Meer. Schließlich überzeugen wir die Besitzerin eines Gästehauses mit fünf Zimmern, dass Melissa ein leises und ordentliches Kind ist und buchen bei ihr drei Nächte. Bei der Suche sind uns einige Hotels aufgefallen, die Kinder nicht gerne aufnehmen wollten. Einige schrieben auf Ihrer Website „not suitable for kids", was beispielsweise bedeutet, es fehlen Kinderbetten und ähnliches. Andere Unterkünfte hingegen sagten ganz klar „no kids allowed" und wir wollten es auf keinen Versuch ankommen lassen.

Vorsichtig sind wir auch bei der Wahl unseres Autos: Opi hat uns angeboten, uns seinen Toyota Camry für unseren Ausflug zu leihen. Er muss erst wieder am Mittwochmorgen damit zur Arbeit fahren. Wir lehnen jedoch ab: Zum einen zeigt der Kilometerzähler fast 200.000 Kilometer an und zum anderen wollen wir nicht schon am Dienstag zurückkommen, sondern bis Mittwoch bleiben. Stattdessen mieten wir uns einen kleinen Flitzer über das Internet. Opis Schwester ist über unsere Entscheidung sehr glücklich, denn nun kann sie mit Opis altem Toyota zum Festival fahren. Wir drücken ihr die Daumen und hoffen, dass der Wagen noch mindestens diese Fahrt durchhält.

Pinnacles – farbenprächtige Sandsteinformationen

Byron Bay

Urlaubsgenuss pur

Am Flughafen in Brisbane holen wir den Mietwagen ab und fahren auf dem gut ausgeschilderten Highway Richtung Süden. Nach gut eineinhalb Stunden halten wir im Ort mit dem vielversprechend klingenden Namen Surfers Paradise. Opi und Rebecca hatten uns den Tipp gegeben, hier den höchsten Wolkenkratzer der Südhalbkugel zu besichtigen. Der Q1 Tower – kurz für „Queensland Number One Tower" – ist 323 Meter hoch und hat neben 526 Wohnungen eine Aussichtsplattform in der 77. und 78. Etage. Von dort kann man bei guter Sicht bis nach Brisbane sehen. Ob das stimmt, erfahren wir dieses Mal jedoch nicht: Nach viel Verkehr und einer Odyssee durch mehrere Vororte des gar nicht beschaulichen Strandortes entschließen wir uns, nur eine Kleinigkeit zu essen und dann sofort weiterzufahren.

Dies erweist sich als eine gute Entscheidung, denn in Byron Bay finden wir, was wir gesucht haben: Sonne, Meer und einen Urlaubsort ohne Hochhäuser. Unsere Unterkunft ist nicht weit vom Ortszentrum entfernt. Somit lassen wir unser Auto für die erste Erkundungstour stehen. Es zieht uns förmlich ans Meer und kaum dort angekommen, müssen wir auch schon in die Wellen springen. Weil das Wasser viel wärmer ist als in Sydney, können wir das Wellenbad ausgiebig genießen. Während Melissa ans Ufer läuft und ihre Füße ins Wasser hält, setzen wir uns gemütlich in den Sand. Wir schmunzeln noch einmal über das lustige Zeitzonenerlebnis bei unserer Ankunft in Byron Bay: Wir hätten nicht vermutet, dass wir eine Zeitzone wechseln, wenn wir mit dem Auto in den Süden fahren – ohne dabei einen Längengrad zu überqueren. Als wir jedoch in Byron Bay ankommen, zeigen die Uhren eine Stunde später an. Wir sind verwirrt und fragen die Bedand-Breakfast-Besitzerin. Sie erzählt uns, dass es in Australien den einzelnen Staaten und Territorien überlassen ist, sich für oder gegen die Sommerzeit zu entscheiden. Byron Bay liegt im Bundesstaat New South Wales, in dem die Sommerzeit gilt. Somit hätten wir unsere Uhren vorstellen müssen, als wir über die Grenze fuhren.

Die Felsküste von Byron Bay

„Anna's Guest House"gefällt uns sehr gut. Unser Zimmer ist groß und geschmackvoll eingerichtet. Es gibt zwar kein Bett für Melissa, doch mit zwei Decken bauen wir ihr ein kuscheliges Nest. Glücklicherweise ist Melissa sehr pflegeleicht, was ihre Schlafplätze anbelangt. Sofern sie in unserer Nähe sein kann, ist sie mit allem zufrieden und schläft überall gut und lange. Unser Urlaubsrhythmus sieht so aus, dass wir fast jeden Tag bis mindestens acht Uhr morgens schlafen und uns somit prächtig erholen können.

Den nächsten Tag beginnen wir mit frischem Obst und Müsli von einem Bio-Supermarkt in der Nähe unserer Unterkunft. Ich bin glücklich, wenn ich morgens ein Müsli essen kann. Auch Markus ist zufrieden, denn nach einigen Tagen Instantkaffee genießt er einen großen Becher mit frisch gebrühtem Bohnenkaffee. Ich trinke keinen Kaffee und kann daher nicht so leicht nachvollziehen, was ihm dieser Genuss bedeutet. Das Lächeln auf seinem Gesicht spricht jedoch Bände. Melissa ist die genügsamste Esserin von uns allen. Eine trockene Scheibe Brot reicht ihr aus. Heute Morgen freut sie sich aber auch über Blaubeeren und Quark.

Gestärkt wandern wir los. Wir wollen zum Leuchtturm am Cape Byron laufen. Schon jetzt strahlt die Sonne kräfig und es wird von Meter zu Meter wärmer. Doch wir beschweren uns nicht, denn es ist trocken. Wir laufen an Sandständen und kleinen Buchten vorbei und gönnen uns eine Pause im Schatten eines Baumes. Der Weg schlängelt sich immer höher und neben uns rauscht das Meer. Am liebsten würde ich sofort hineinspringen, doch ich muss mich noch ein wenig gedulden.

Wir erreichen den östlichsten Punkt des australischen Festlandes und kurze Zeit später den Leuchtturm. Die grandiose Aussicht belohnt den mühevollen Aufstieg – bei mittlerweile etwa 35 °C. Markus schnauft. So erschöpft habe ich ihn selten gesehen. Melissa sitzt gut gelaunt in der Kraxe. Wir halten uns nicht zu lange auf, sondern wandern auf der anderen Seite des Berges zurück nach Byron Bay – zu sehr zieht es uns nun ins kalte Nass. Wir baden, plantschen und hüpfen im Meer herum. Am Strand bauen Melissa und Markus um die Wette Sandburgen und jagen sich danach im Sand hin und her. Ich sitze entspannt im Schatten und beobachte die anderen Badegäste.

Von denen gibt es heute reichlich, denn Byron Bay ist ein beliebter Ort. Das merken wir auch an den vollen Restaurants. Anna hatte uns empfohlen, bei ihrem Lieblings-Vietnamesen zu reservieren, und wir befolgen ihren Rat. Ohne Reservierung hätten wir in der Tat keine Chance auf einen Tisch gehabt. Die Speisen sind frisch und lecker und das Kinder-Menü für acht Australische Dollar ist im Gegensatz zu den anderen Speisen günstig. Für einen Salat müssen wir hier um die 16 Euro und für ein Hauptgericht mindestens 20 Euro zahlen. Aber an die hohen Preise in den Restaurants haben wir uns mittlerweile schon gewöhnt. Außerdem haben wir Urlaub und zwingen uns, nicht so sehr darauf zu achten. Wegen des für uns ungünstig niedrigen Wechselkurses ist das Reisen in Australien zurzeit leider kein Schnäppchen, aber wir sind trotzdem glücklich, hier zu sein.

Unser letzter Tag in Byron Bay bricht an. Es gefällt uns so gut hier, dass wir gerne noch länger bleiben würden. Zu allererst wollen wir den Tallow Beach erkunden, den wir vom Leuchtturm aus entdeckt hatten. Wir parken unser Auto und freuen uns über den leeren Parkplatz. Nach einer Weile erfahren wir den Grund dafür: Der Badestrand ist wegen zu starker Strömung geschlossen – wie schade. So spazieren wir am Strand entlang und fahren nach einer Weile ins Ortszentrum zurück. Wir erkunden die Einkaufsstraßen und verbringen den Rest des Tages am Main Beach. Melissa singt immer wieder von der Weihnachtsbäckerei und ich bekomme dadurch großen Appetit auf Schokokekse. Die große Kugel Schokoeis, die wir uns später holen, schmeckt jedoch auch köstlich.

Am nächsten Morgen fahren wir früh los, um rechtzeitig am Flughafen in Brisbane zu sein. Heute freuen wir uns über den Zeitunterschied, denn wir gewinnen bei der Fahrt nach Queensland eine ganze Stunde. Am Flughafen geben wir unser Auto ab, checken rasch ein und fliegen zurück nach Sydney. Damit verlassen wir den *Sunshine State* Queensland, den wir „Rainy State" getauft haben, und hoffen auf sonnigere Tage im Süden Australiens.

Byron Bay Lighthouse

Main Beach / Krabbe am Tallow Beach

Sydney

Zurück im Sonnenschein

Wieder empfängt uns Sydney bei angenehm warmen Temperaturen um 25 °C und es regnet nicht. Dieses Mal liegt unser Hotel direkt im Stadtzentrum. Da wir Zeit haben, fahren wir mit dem Zug vom Flughafen in die Innenstadt. Eine Fahrt mit dem *Airport Rail Link* kostet 15 Australische Dollar pro Erwachsenen – Melissa reist noch gratis. Mit dem Taxi hätten wir zwar nicht viel mehr bezahlt, doch uns reizt die Abwechslung. Wir fahren bis zur Wynyard Station und müssen dann nur noch ein kurzes Stück bis zu unserem Hotel laufen.

Das „Grace Hotel" gilt als eines der besterhaltenen Gebäude Sydneys aus den 1930er Jahren. Uns gefällt es, denn wir haben Platz und dank des Zimmers in einer der oberen Etagen einen guten Ausblick auf Darling Harbour. Später am Abend, als Melissa schon eingeschlafen ist, testen wir den Fitnessraum. Ausgestattet mit unserem Babyphone joggen wir auf den Laufbändern scheinbar über die Häuser der Stadt, denn der Fitnessraum befindet sich auf der obersten Etage. Melissa schläft normalerweise tief und fest. Auch dieses Mal wacht sie nicht auf und wir können ungestört trainieren.

Am nächsten Morgen wollen wir Orte erkunden, die wir bei unserem ersten Stopp in Sydney noch nicht gesehen haben. So fahren wir mit der Fähre nach Watson Bay – einem Vorort an einer Bucht etwa elf Kilometer nordöstlich vom Stadtzentrum entfernt. Hier könnten wir mit Skyline-Ausblick in kristallklares Wasser springen, doch leider haben wir unsere Badesachen nicht dabei. Nachdem es am Morgen noch trüb und bewölkt war, hatten wir unnötiges Gepäck vermeiden wollen. Jetzt ist es richtig warm und der Himmel wolkenlos. Das australische Wetter überrascht uns immer wieder. Wir spazieren durch den kleinen Ort und auf einem gut ausgebauten Weg an der Küste entlang. Dabei stoßen wir auf einen Nacktbadestrand und sind überrascht: Bisher schienen uns die Australier nicht gerade Anhänger der Freikörperkultur zu sein – selbst kleine Kinder trugen immer eine Badehose.

Wir laufen noch ein kleines Stück weiter und kehren schließlich zum Fähranleger zurück. Bis zur nächsten Abfahrt bleibt noch Zeit für unseren Mittagssnack. Wir reihen uns in eine Schlange an einem Fischimbiss ein. Es dauert lange, bis wir dran sind. Daher suchen Melissa und ich schon mal ein nettes Plätzchen und finden eine Bank unter einem großen Baum – inklusive Blick auf Sydneys Skyline. Wir müssen noch eine Weile warten, bis Markus endlich mit unseren frisch gegrillten Fischfilets zu uns kommt. Doch unsere Geduld wird belohnt: Es schmeckt köstlich.

Ein wenig später fahren wir zurück zum Circular Quai und von dort gleich weiter: Weil es uns bei unserem ersten Besuch so gut gefallen hat, reisen wir heute Nachmittag erneut nach Manly. Abermals genießen wir den goldgelben Sand unter unseren Füßen. Zuvor stokken wir bei Aldi unseren Sonnencremevorrat auf und kaufen uns eine Tüte Macademianüsse. In Deutschland hatten wir die edle Nuss in Schokoladen schon ab und zu probiert. In Australien – dem Heimatland der Macademiapflanze – haben wir bislang auf den Genuss verzichtet: In Supermärkten fanden wir nur Mini-Tüten zu extrem hohen Preisen. Jetzt schlagen wir zu und sind schon gespannt, wie lange die Tüte reicht. Später finden wir heraus, dass sich der hohe Preis der Nuss aus dem schwierigen Anbau und der komplizierten Weiterverarbeitung ergibt. Die Macademianuss zählt daher zu den teuersten Nüssen der Welt und trägt den Namen „Königin der Nüsse".

Als die Sonne langsam hinter den Bäumen verschwindet, leert sich der Strand. Auch wir brechen auf und fahren mit der Fähre zurück in die Innenstadt. Auf dem Weg zu unserem Hotel holen wir uns aus einem Sushi-Lokal noch ein paar kleine Köstlichkeiten, die wir auf unserem Zimmer verspeisen. Melissa entscheidet sich für Maiswaffeln und einen Vanillejoghurt. Sie hat am Strand mehrmals in die Tüte mit Macadmianüssen gegriffen und nun keinen großen Hunger mehr.

Am nächsten Tag nehmen wir Abschied von Sydney. Markus holt unseren Mietwagen und kurvt damit gekonnt durch die Einbahnstraßen bis zu unserem Hotel. Dort warten Melissa und ich schon in der Eingangshalle. Mit dem Auto wollen wir bis nach Melbourne fahren

Die Watson Bay mit Blick auf die Skyline von Sydney

und sind schon neugierig, was wir alles erleben werden. Unser erstes Ziel lautet Blue Mountains – etwa zwei Autostunden westlich von Sydney. Wir fahren über die Harbour Bridge und blicken im Rückspiegel noch einmal auf die Wolkenkratzer von Sydney. Die australische Metropole hat uns sehr beeindruckt – wir können jetzt gut nachvollziehen, warum sie für viele Menschen die schönste Stadt der Welt ist.

Blue Mountains

1.000 Stufen bis ins Tal

Wir verlassen die Großstadt und fahren aufs Land – besser gesagt zum Blue-Mountains-Nationalpark, der seinen Namen dem blauen Dunst von den aufsteigenden ätherischen Ölen der Eukalyptusbäume verdankt. Aufgrund ihrer guten Erreichbarkeit und geringen Entfernung von Sydney sind die Blue Mountains ein beliebtes Tagesausflugsziel. Wir wollen zwei Nächte dort bleiben. Dafür haben wir uns eine kleine Lodge in Bilpin mit einem Streichelzoo ausgesucht. Bilpin liegt im nördlichen Teil der Blue Mountains und nennt sich selbst „Australia's Apple Capital". Außer den zahlreichen Obstplantagen gibt es in der winzigen „Apfel-Hauptstadt" allerdings wirklich nicht viel zu sehen.

Mit etwas Mühe finden wir die schmale Straße zur Lodge und freuen uns, als das Landhaus vor uns auftaucht. Dann kommt die Überraschung: Wir erfahren, die Lodge sei ausgebucht und werden umquartiert. „No worries" – „überhaupt kein Problem" ruft uns die Besitzerin zu und bittet uns ohne weitere Erklärung, ihr hinterherzufahren. Wir sind noch immer verwundert, folgen aber brav ihrer Anweisung.

Statt in ein Zimmer ziehen wir nun in ein Holzhäuschen ein – mit einem Wohnzimmer und einer Küchenecke, einem Schlafzimmer sowie einem großen Badezimmer mit einer Eckbadewanne – ein guter Tausch! Leider regnet es schon wieder, so dass wir uns nur kurz auf dem parkähnlichen Gelände umsehen. Vier weitere Häuser stehen hier, doch keins scheint bewohnt zu sein. Ganz allein sind wir dennoch nicht: Wir treffen Lenny. Der 18-jährige Deutsche arbeitet für ein paar Tage auf der Farm und kümmert sich um die Häuser. Direkt nach dem Abitur ist er mit einem Work-and-Travel-Visum nach Australien gekommen. Auch er klagt ein wenig über die regenreichen Tage in Queensland und freut sich schon jetzt, in der kommenden Woche ins Outback zu fahren. Er möchte den Ayers Rock besichtigen, der wegen des vielen Regens momentan von grünem Moos bedeckt sein soll.

Zum Abendessen fahren wir zu einem Restaurant, an dem wir auf unserer Hinreise vorbeigekommen sind. Außer uns scheinen keine weiteren Touristen hier zu sein. Überhaupt sind uns während unserer Reise bisher nur wenige Deutsche begegnet. Ob die noch im Schneechaos in Europa feststecken? Auch in diesem Restaurant funktioniert die Essenbestellung so, dass wir an einem Tresen unser Essen aussuchen und bezahlen. Eine Kellnerin bringt uns dann die fertigen Speisen an den Tisch. Sie findet uns anhand der Nummer, die wir mit unserer Bestellung erhalten und gut sichtbar auf den Tisch stellen.

Später suchen wir uns aus einem DVD-Stapel an der Rezeption einen Film aus und verbringen einen gemütlichen Fernsehabend. Die Rezeption ist in einem kleinen Haus untergebracht und scheint nie besetzt zu sein. Dies ist nicht verwunderlich, denn in den nördlichen Teil der Blue Mountains verirren sich nicht sehr viele Touristen. Die Hauptattraktionen liegen im südlichen Teil – und dort wollen wir morgen hinfahren.

Zu unserem Glück scheint an unserem Wandertag die Sonne. Es dauert allerdings über eine Stunde, bis wir Leura und somit den Ausgangspunkt für unsere Wanderungen im Süden der Blue Mountains erreichen. Wenn wir vorher gewusst hätten, dass wir hierher so lange mit dem Auto brauchen, hätten wir uns hier eine Unterkunft gesucht. Auf der anderen Seite ist es aber auch sehr angenehm, hin und wieder abseits der Touristenströme zu übernachten.

Am Echo Point, dem Aussichtspunkt auf das Jamison Valley und die Three Sisters, treffen wir zahlreiche Touristen an. Um die drei 910 Meter hohen Felssäulen kursieren einige Legenden. Eine lautet beispielsweise, drei Schwestern seien von ihrem Vater zum Schutz in Felstürme verwandelt worden. Nachdem der Vater im Kampf ums Leben kam, konnte der Zauberbann nicht wieder aufgehoben werden. Wir wollen uns die drei versteinerten Schwestern später noch aus der Nähe ansehen. Zuvor stellen wir jedoch unser Auto auf dem Dach eines Parkhauses der „Katoomba Scenic World" ab, einer privat betriebenen Freizeitanlage. Wir sind froh über den freien Parkplatz, denn diese Ecke der Blue Mountains scheint ein sehr beliebtes Ziel zu sein. Wir laufen los, durchqueren dichten Wald und kommen an kleineren und größeren Wasserfällen vorbei. Der Untergrund ist zum Teil

Three Sisters – drei in Stein verwandelte Schwestern

recht matschig und ein paar Mal müssen wir geschickt um Pfützen herumlavieren, damit wir keine nassen Füße bekommen.

Als wir wieder am Echo Point ankommen, wagen wir uns fast tausend Stufen hinunter ins Tal und sehen dabei noch einmal die Three Sisters – dieses Mal ganz aus der Nähe. Die Giant Stairway ist sehr steil, und wir müssen sehr aufpassen, nicht auf den Stufen auszurutschen. Sicherheitshalber hat Markus zuvor den Gurt in Melissas Kraxe noch einmal überprüft. Schnaufend steigen wir hinab. Unten läuft es sich wieder einfacher. Wir müssen uns jedoch ein wenig beeilen, denn anstatt die tausend Stufen wieder hinaufzusteigen um zurück zu unserem Auto zu kommen, wollen wir mit der „Scenic Railway" hochfahren. Die Schienenbahn legt die 415 Meter mit einem Gefälle von bis zu 52 Grad zurück. Die Fahrt mit der steilen Bahn ist aufregend und wir müssen uns gut festhalten. Ich bin froh über das Netz, das alle Passagiere vor dem Herausfallen schützen soll, denn Melissa will sich partout nicht festhalten lassen.

Oben ist es immer noch schön warm und sonnig. Daher halten wir auf dem Rückweg in Leura und gönnen uns in einem kleinen Café einen Schoko-Schock aus heißer Schokolade und Schokokeksen. Nach der Wanderung haben wir uns beides schließlich mehr als verdient! Dann fahren wir weiter. Zunächst ist die Straße sehr belebt, doch als wir nach Richmond abbiegen, um auf die Straße nach Bilpin zu gelangen, sind deutlich weniger Autos unterwegs. In Richmond kaufen wir in einem Supermarkt für unser Abendessen ein, denn heute wollen wir die Küche in unserem Häuschen nutzen. Als wir dort ankommen, meint es das Wetter noch immer gut mit uns. Wir können sogar draußen im Gartenpavillon essen. Vor uns liegt der glitzernde Teich und daneben grasen einige Alpakas. Ursprünglich stammen Alpakas aus den südamerikanischen Anden und ähneln Lamas. Die Besitzer des „Madison Mountain Retreat" züchten die Tiere wegen der Wolle und verkaufen sie auch als Wachtiere. „Sie sollen Schafherden vor wildernden Hunden schützen", erfahren wir von Lenny. Er läuft gerade zufällig am Pavillon vorbei und freut sich, als wir ihn auf eine Portion Nudeln einladen. Nach dem Essen verabschieden wir uns von ihm und wünschen ihm eine schöne Zeit im Outback. Außerdem schenken wir ihm das restliche Essen aus unserem Kühlschrank, das wir nicht zum Frühstück brauchen, da wir in den nächsten Hotels keine Küche haben werden.

Am nächsten Morgen wird gefeiert: Melissa hat Geburtstag! Drei Jahre wird sie schon, und wir fragen uns, wie die Zeit so schnell vergehen konnte? Für das Geburtstagsfrühstück besorgt Markus etwas Süßes. Dafür muss er bis in den nächsten Ort fahren, da beide Cafés in der Nähe unserer Unterkunft noch geschlossen haben. Wir schneiden das Kuchenstück in drei Teile und stecken drei Kerzen darauf, die wir am Tag zuvor heimlich im Supermarkt gekauft haben. Dann singen wir ein Geburtstagslied und zeigen Melissa ihr Geschenk. Ich weiß nicht, ob sie sich mehr über den Sonnenhut und die Mini-Flip-Flops oder die kleine Packung Gummibärchen aus Deutschland freut. Sie strahlt über das ganze Gesicht und möchte den Hut und die Sandalen sofort anprobieren. Die Gummibärchen hebt sie sich für die Fahrt auf. Als wir sie fragen, was sie heute am liebsten machen möchte, antwortet sie: „Ich will auf einen Spielplatz gehen." Ich hoffe, wir können ihr diesen Wunsch erfüllen.

Heute fahren wir weiter in Richtung Canberra und ich wage mich zum ersten Mal ans Steuer. Auch ich fahre anfangs zu weit links, aber nach einer Weile habe ich mich an das Fahren auf der anderen Straßenseite gewöhnt. Das Autofahren ist in Australien sehr einfach. Die Straßen sind breit und übersichtlich und die Orte gut ausgeschildert. Zudem macht das Tempolimit von 100 Kilometern pro Stunde Fahren zu einer entspannten Angelegenheit.

Wasserfall in den Blue Mountains

Canberra

Kindheitsträume werden wahr

Ohne Probleme erreichen wir Canberra, das seit 1927 Hauptstadt Australiens ist. Nachdem sich Melbourne und Sydney zuvor um den Titel gestritten hatten, verständigte man sich schließlich auf den Kompromiss, eine neue Hauptstadt zu gründen. Der US-amerikanische Landschaftsarchitekt Walter Burley Griffin gewann die Ausschreibung, und 1913 begann der Bau einer weitläufigen Gartenstadt. Trotz der großzügigen Grünanlagen lautet unser erster Eindruck: Diese Stadt gefällt uns gar nicht. Die kilometerlangen breiten Straßen wirken eintönig und leblos. Nur die riesigen Monumente beeindrukken uns. Allerdings muss ich hinzufügen, dass es kurz nach unserer Ankunft anfängt zu regnen. Kaum eine Stadt kann ihre Reize bei Regen zeigen, und so hat Canberra keine Chance, unseren ersten Eindruck zu verbessern.

Auch mit unserem Hotel sind wir nicht zufrieden. Das „Olims Canberra" erinnert uns an eine Armeebaracke und muss dringend renoviert werden. Wenn wir nur einen Schnäppchenpreis dafür gezahlt hätten, wären wir nicht so anspruchsvoll, doch 156 Euro sind für dieses Hotel einfach zu viel. Melissa hingegen ist glücklich, denn der Mann an der Rezeption hat ihr zum Geburtstag gratuliert. Zusätzlich findet sie auf dem Zimmer eine Geburtstagskarte und eine kleine Schachtel mit Schokolade.

Für unsere Stadtbesichtigung steigen wir ins Auto. Ursprünglich hatten wir vor, die Stadt mit dem Fahrrad zu erkunden, doch es regnet zu stark. Andererseits ist sie zu weitläufig, als dass wir mit Regenschirmen herumlaufen könnten. Glücklicherweise entdecke ich bald eine Werbetafel für einen Indoor-Spielplatz: „Monkey Mania" – unsere Rettung! Ganz versteckt im hintersten Winkel eines Shoppingcenters finden wir ihn endlich. Da der Eintritt nur mit Socken erlaubt ist, müssen wir Melissa noch ein Paar kaufen – seitdem wir in Australien sind, läuft sie nur noch barfuß in Sandalen herum. Dann können wir es kaum noch erwarten. Schnell ziehen wir unsere Schuhe aus und

Melissa die neuen Socken an: Hüpfburg, Bällchen-Bad und Trampolin – meine Kindheitsträume werden wahr! Wir hüpfen, springen und rutschen um die Wette, bis wir völlig außer Puste sind. Melissa hat ganz rote Bäckchen, als wir den Spielplatz gegen 18 Uhr verlassen müssen, da er schließt.

Zum Abendessen beweist Markus abermals ein gutes Näschen, denn er findet die Ausgehmeile Canberras mit mehreren Restaurants. Unsere Lieblingsstadt wird Australiens Hauptstadt dennoch nicht. Erleichtert stelle ich fest, dass wir hier nur eine Nacht gebucht haben. Unser nächstes Reiseziel liegt in den Bergen, genauer gesagt in den Snowy Mountains, dem höchsten Gebirge Australiens.

Direkt nach dem Frühstück fahren wir los und müssen leider schon wieder die Scheibenwischer anstellen. Es ist allerdings trocken, als wir kurz hinter dem Ort Jindabyne für eine Mittagspause anhalten. Unsere Suche nach einem Restaurant führt uns zum „Crackenback Cottage Restaurant" direkt am Alpine Way. Es ist zu kühl, um draußen unter dem Weinlaub zu sitzen, aber auch im Restaurant gefällt es uns sofort. Es ist hell und die Einrichtung rustikal-gemütlich. Wir setzten uns an eine Tafel zu anderen Gästen und warten gespannt auf die Speisekarte. Markus bestellt einen Salat mit warmem Ziegenkäse in Macademiakruste und ich teile mir mit Melissa „Chicken Drumsticks & Chips". Selten habe ich so lecker-saftige Hühnchenfiletstreifen gegessen.

Draußen staunen wir nicht schlecht, als wir von einer kleinen Aussichtsplattform einen Blick auf das Labyrinth werfen, das zum Restaurant gehört. Es ist viel größer als wir vermutet hätten. Für zwei Australische Dollar könnten wir uns hineinwagen, doch wir entschließen uns weiterzufahren.

Snowy Mountains

Dem Regen davon wandern

Es regnet schon wieder, als wir Thredbo erreichen, und somit starten wir zu unserer ersten Erkundungstour in Regenjacken. Im Winter zählt der Ort zu den beliebtesten Ski-Orten der Australier. Heute wirkt das Bergdorf eher verlassen und trostlos. Außerdem ist es hier spürbar kühler.

Schnell haben wir alles gesehen und spazieren zurück – nicht ohne vorher einen Tisch für unser Abendessen in einem Restaurant zu reservieren, das nicht geschlossen hat. Außerdem leihen wir uns in der kleinen Videothek den neuesten „Shrek"-Film „Shrek 4: Für immer Shrek" aus. Den wollen wir später ansehen, wenn Melissa schläft. Auch wenn unser Zimmer in der Candelight Lodge sehr einfach eingerichtet ist, verfügt es über einen DVD-Player. „Dank des Regens läuft das DVD-Verleih-Geschäft sehr gut", sagt uns die junge Frau an der Kasse. Wir bevorzugen noch immer Sonnentage, doch jetzt sind wir richtig anspruchslos und würden uns sogar schon über einen regenfreien Tag freuen.

Unser Wunsch geht tatsächlich in Erfüllung: Am nächsten Tag ist es zunächst trocken. Wir ziehen unsere Wandersachen an, packen Melissa in die Kraxe und marschieren los. Zuerst laufen wir auf dem Thredbo River Track. Der Weg ist einfach und flach und verläuft direkt am Fluss entlang. Es ist immer noch trocken und wir werden mutiger, biegen ab und laufen um den Golfplatz herum zum Meadows Nature Track. Wir kommen durch einen Märchenwald mit moosbedeckten Steinen, schmalen Bächen und laufen an sumpfigen Wiesen vorbei. Wir sehen außerdem viele Bäume, die verdorrt wirken. „Es regnet hier einfach zu wenig", ruft mir Markus scherzhaft zu. Wir sprechen lieber nicht zu laut darüber, denn wir haben noch immer Glück: Bis auf ein paar wenige Tropfen fällt heute nichts aus dem grauen Wolkenschleier, der über uns hängt.

Es geht jetzt stetig bergauf und an einer Gabelung müssen wir uns entscheiden, ob wir zum Dorf zurückkehren wollen. Natürlich

Thredbo River Track

nehmen wir den anderen Weg und steigen nun wild entschlossen zum Gipfel des Mt. Kosciuszko hinauf. Der Weg ist anspruchsvoll und zum Teil sehr steil – dafür aber sehr gut ausgeschildert. Nur wenige Wanderer kommen uns entgegen. Dafür sehen wir ab und zu Mountainbiker, die ihre Räder in den Armen halten und mit dem Sessellift hochfahren. Oben angekommen, preschen sie den Berg hinunter. Obwohl wir zu Hause auch gerne mit dem Mountainbike unterwegs sind, bekomme ich beim Gedanken daran eine Gänsehaut, denn bergab traue ich mich nicht ganz so schnell. Immer mutiger wird hingegen Melissa: Sie möchte raus aus der Kraxe und heute selber wandern. Dafür sucht sie sich einen Stock und marschiert los. Als es zu matschig und rutschig wird, müssen wir sie allerdings überzeugen, sich wieder in die Kraxe zu setzen. Wir laufen immer höher und höher und erreichen schließlich auf 1930 Metern die Berghütte „Eagle Nest" – das höchst gelegene Restaurant Australiens. Den Weg zur Bergspitze sparen wir uns und nehmen stattdessen den Sessellift. Damit fahren wir durch eine dicke Nebelsuppe hinab ins Tal.

Zurück in unserer Lodge, berichten wir dem Besitzer stolz von unserer Wanderung. Von ihm erfahren wir, dass der Berg seinen Namen von seinem Entdecker Edmund Stzelecki erhielt – zu Ehren des polnischen Nationalhelden General Tadeusz Kościuszko, nach dem auch in Krakau ein Erdhügel benannt ist, mit dem der Berg eine gewisse Ähnlichkeit aufweisen soll. Er taufte ihn 1840 zunächst auf den Namen „Mount Kosciusko", und erst 1997 übernahm man die polnische Schreibweise. „Ich höre die lustigsten Ausspracheversuche", ergänzt unser Lodgebesitzer. Wir wundern uns nicht, denn der Name ist auch für uns ein Zungenbrecher. Anschließend gratuliert er uns noch zu dem trockenen Tag. „Wir hatten in den letzten Wochen sehr unbeständiges Wetter, und das ist nicht typisch für unseren Sommer." Vielleicht sollten wir uns ja glücklich schätzen, etwas ganz Besonderes zu erleben? Mittlerweile sind wir geradezu genügsam und glücklich, wenn es an unserem Aktivitätentag trocken bleibt. Bei der Autofahrt stört uns der Regen allerdings nicht so sehr.

Da wir gestern Abend mit dem Restaurant sehr zufrieden waren, gehen wir heute erneut dorthin. Das ist normalerweise nicht unsere

Bergwiese am Mt. Kosciuszko im Nebel

Art, denn wir mögen die Abwechslung. Ich bestelle mir sogar das gleiche Essen, denn der Couscous-Salat mit dem warmen Gemüse ist einfach zu lecker. Markus und Melissa teilen sich eine Pizza; auch ihnen schmeckt es sehr gut.

Bevor wir am nächsten Morgen weiterfahren, frühstücken wir noch einmal in unserer Lodge. Der Frühstücksraum ist das Beste an unserer Unterkunft. Er ist hell und gemütlich eingerichtet. Von den Tischen an der großen Fensterfront aus könnten wir den Mt. Kosciuszko sehen, wenn er nicht von Wolken eingehüllt wäre. Melissa ist fasziniert von der Kuckucksuhr, die neben der Eingangstür hängt. Ausnahmsweise stellen wir den Zeiger vor und lassen den Kuckuck ein zweites Mal rufen. Dann verstauen wir unsere Taschen im Auto und verabschieden uns von den Bergen.

Auf der Fahrt von Sydney nach Melbourne legen wir etwa 1.600 Kilometer zurück – das entspricht ungefähr der Strecke von Hamburg nach Rom. Damit es für uns und Melissa entspannt ist, fahren

„Eagles Nest" – das höchstgelegene Restaurant Australiens

wir jedoch pro Tag nicht mehr als 250 Kilometer und bleiben an fast jedem Ort zwei Nächte. Nur heute haben wir uns mehr vorgenommen: Wir fahren 100 Kilometer zusätzlich, denn wir wollen zurück ans Meer.

Die Fahrt beginnt aufregend, weil Melissa sich nach einer kurvenreichen Fahrt übergeben muss. Es ist das erste Mal überhaupt. Normalerweise ist sie eine sehr robuste Mitfahrerin. Allerdings sind wir zu Hause nicht so viel mit dem Auto unterwegs. In Frankfurt erreichen wir alles bequem zu Fuß, mit dem Fahrrad oder mit der U-Bahn. Größere Strecken legen wir am liebsten mit dem Zug und noch größere mit dem Flugzeug zurück. Seitdem unser Auto vor ein paar Jahren kaputt gegangen ist, besitzen wir keins mehr – stattdessen mieten wir uns ein Auto, wenn wir eins brauchen.

Ausnahmsweise regnet es nicht, als wir die Rückbank, den Kindersitz und unsere Kleine säubern. Leider ist auch ihr Lieblingskuscheltier schmutzig. „Der Freund" sieht aus wie ein kleines Kissen mit Armen und Beinen – Melissa nennt ihn „Max". Unsere Freundin

Sabine hat ihn entworfen und selbst genäht. Ich habe noch ein kleines, aber für Melissa wichtiges Accessoire ergänzt: Am rechten Arm hängt ein Schnuller. Den habe ich angenäht, damit Melissa ihn in der Nacht leichter findet. Noch immer schläft sie mit dem Schnuller ein und nuckelt auch tagsüber gerne daran – gerade auf langweiligen Autofahrten. Dies kann sie heute vergessen. Wir fragen uns schon jetzt, ob sie heute Abend ohne Schnuller einschlafen kann – wir werden es später feststellen.

Bei geöffneten Fenstern fahren wir weiter. Die Strecke ist eintönig und zieht sich hin. Ich bin müde, weil ich in der letzten Nacht schlecht geschlafen habe. Solange ich nicht fahre, versuche ich, mich ein wenig auszuruhen. Dabei verpasse ich nicht viel. Wir sind zum Teil völlig alleine auf der Straße unterwegs, die an Getreidefeldern und flachen Wiesen vorbeiführt. Nur ab und zu sehen wir ein Farmhaus. Ich könnte nie in dieser Einsamkeit leben. Ich genieße das Stadtleben mit den vielen Cafés und Restaurants und bin gerne unter Menschen. Somit bin ich auch froh, als wir uns dem winzigen Ort Cann River nähern. Hier stoßen wir auf den Highway 1, auf dem etwas mehr los.

In Cann River gibt es tatsächlich nicht mehr als eine Tankstelle und einige kleine Restaurants. In einem holen wir uns drei Sandwiches und nehmen sie mit zu dem Spielplatz, den wir auf der gegenüberliegenden Straßenseite entdeckt haben. Melissa geht es wieder richtig gut: Sie probiert alle Spielgeräte aus und klettert auf die Plastiktiere, die auf der großen Wiese verteilt sind. Wir kommen mit Australiern ins Gespräch, die wie wir eine Pause machen. Sie sind auf dem Weg zurück nach Hause – einem kleinen Ort an der Küste etwa eine Autostunde von hier. Eine Woche haben sie mit ihren beiden Kindern auf einem Campingplatz am Meer verbracht. „Die Strände sind viel schöner als bei uns, doch wir haben uns einen Sonnenbrand geholt, als wir uns nicht eingecremt haben." Davon sind wir bislang verschont geblieben, denn wir reiben uns auch an bewölkten Tagen mit Sonnencreme ein – nicht die schlechteste Idee bei der starken UV-Strahlung in Australien. Die beiden sind sehr herzlich und offen. Als wir uns von ihnen verabschieden, laden sie uns sogar auf einen Kaffee in ihr Haus ein. Doch wir lehnen dankend ab, da wir nun ohne Unterbrechung unser Tagesziel erreichen wollen.

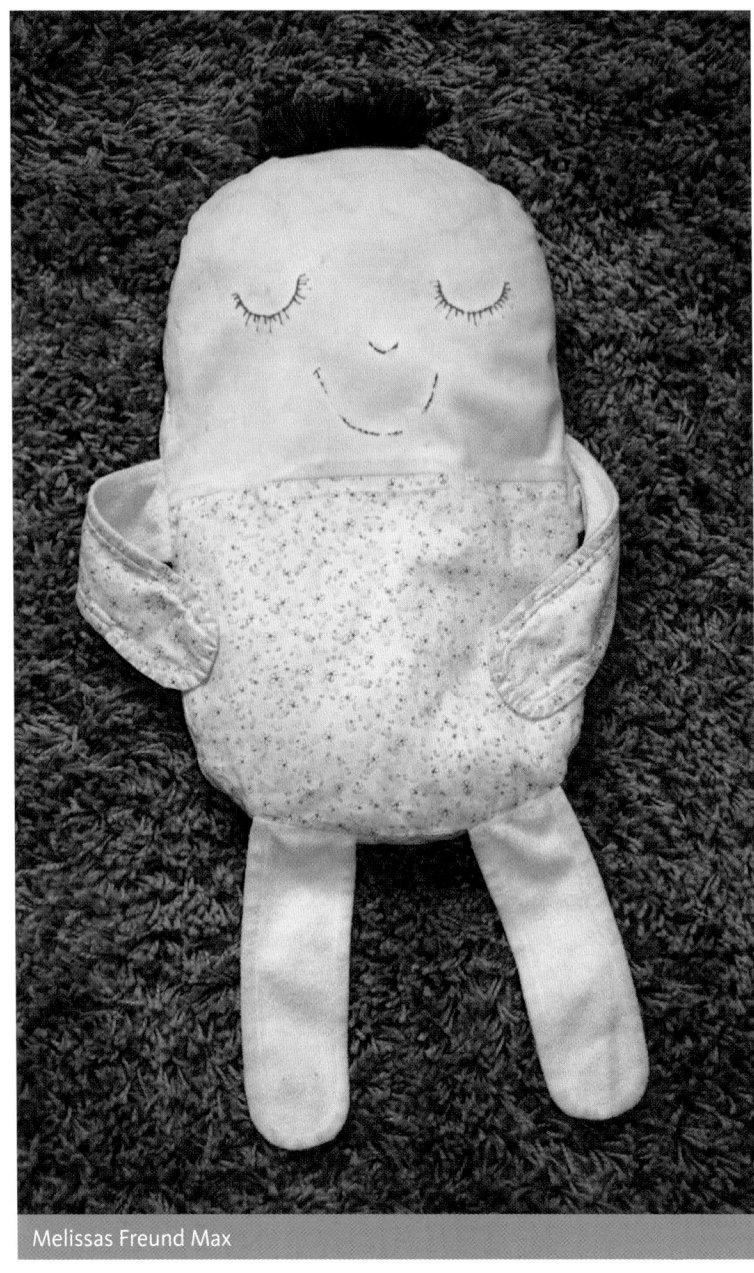

Melissas Freund Max

Lakes Entrance

Lagune und Meer

Dann kann ich es förmlich riechen: Wir kommen dem Meer näher – endlich. Der Abstecher in die Berge war abwechslungsreich und schön, doch ich bin und bleibe ein riesengroßer Fan der See. Der Ort Lakes Entrance ist an sich nicht besonders hübsch – an einer langen Straße reihen sich Motels, Restaurants und Geschäfte aneinander – doch die Lage ist besonders: Die Hauptstraße liegt direkt an einer Lagune, in der Fischerboote unterwegs sind und kleine Segelschüler ihr Können testen. Über die Lagune führt eine Fußgängerbrücke. Wir überqueren sie und gelangen dahinter direkt zum Ninety Mile Beach, einem der schönsten Strände Australiens. Hier bleiben wir heute jedoch nicht lange, denn es fängt an zu regnen. Schnell laufen wir zu unserem Motel zurück.

Wir ziehen unsere Regenjacken an und gehen die Hauptstraße entlang, um ein Restaurant für unser heutiges Abendessen zu finden. Eins sieht sehr vielversprechend aus und mir läuft schon beim Blick auf die Karte das Wasser im Mund zusammen. Leider ist kein Platz mehr frei. Die Kellnerin bietet an, uns in etwa vierzig Minuten anzurufen, wenn ein Tisch frei geworden ist. Wir lehnen jedoch dankend ab und suchen lieber weiter, denn wir haben jetzt Hunger und wollen nicht so lange auf das Essen warten. Lakes Entrance ist offenbar beliebt, denn die Lokale sind gut besucht. Kurz vor unserem Motel entdecken wir ein Schiff, das zu einem Restaurant umgebaut ist. Wir versuchen unser Glück und fragen nach einem freien Tisch. Draußen könnten wir noch sitzen, heißt es. Wir frieren nicht und nehmen gerne Platz. Da hier angeblich die besten „Fish & Chips" serviert werden, entscheiden Melissa und ich uns dafür. Markus probiert frittierte Tintenfischringe und ist zufrieden. Der Fisch ist jedoch meiner Meinung nach zu sehr frittiert und die Pommes Frites sind etwas zu labbrig. Melissa hingegen schmeckt es mal wieder sehr gut. Nie zuvor hat sie innerhalb so kurzer Zeit derart viele Pommes Frites gegessen. Obwohl ich gerne Pommes esse, vermisse ich Alternativen, wie etwa Reis oder

Kartoffelsalat zum Fisch. Nichtsdestotrotz finde ich es lustig, auf dem Boot zu sitzen, und freue mich über unsere heutige Restaurantwahl.

Am nächsten Tag haben wir Glück: Es regnet nicht. Doch das Wichtigste zuerst: „Ich brauche keinen Schnuller mehr", ruft uns Melissa heute Morgen freudestrahlend aus ihrem Bett zu. Wir können unser Glück kaum fassen, denn wir hatten uns auf wochen- oder sogar monatelangen Kampf und Überzeugungsarbeit mit der Schnullerfee eingestellt. Doch mal sehen, ob es dabei bleibt.

Da es trocken ist, entscheiden wir uns mutig für eine Bootsfahrt über die Seen von Gippsland bis nach Metung. Der kleine und sehr beschauliche Ort liegt nicht in Vietnam, wie der Name vermuten lässt, sondern nur einige Kilometer weiter westlich. Die Seen von Gippsland bilden die größte zusammenhängende Wasserfläche Australiens und sind nur ein wenig kleiner als der Bodensee. Die Düne des Ninety Mile Beach trennt die Süßwasserlagunen vom offenen Meer und bietet zahlreichen Seevögeln ein Zuhause. Auf dem Passagierschiff „Thunderbird" suchen wir uns einen Platz auf dem oberen Außendeck und fühlen uns beim Blick auf das dichte Ufer ein bisschen wie die Entdecker Australiens. Vermutlich erblickte auch James Cook so einen üppig-grünen Wald, als er im April 1770 in der Botany Bay im heutigen Sydney landete.

Nach gut neunzig Minuten kehren wir nach Lakes Entrance zurück und wollen nun an den Strand. Der Ninety Mile Beach ist wirklich ein Traumstrand – goldgelber Sand so weit das Auge reicht. Heute bleiben wir länger hier, denn wir können es kaum glauben: Die Sonne hat uns wiedergefunden. Sie blinzelt hinter den Wolken hervor und vor Freude springen wir im Sand herum. Wir freuen uns, denn jetzt können wir bei Sonnenschein den Wanderweg auf der Sandinsel erkunden. Der etwa fünf Kilometer lange Pfad ist gut angelegt und macht ein Verlaufen unmöglich. Nach gut einer Stunde sind wir zurück an unserem Ausgangspunkt und breiten unsere Handtücher aus. Ins Wasser wollen wir jedoch nicht springen, denn das ist sehr kalt. Die wenigen Mutigen im Wasser tragen wärmende Schwimmkleidung. Es ist interessant, wie unterschiedlich die Wassertemperaturen an Australiens Küsten sind. Melissa hat schnell eine Alternative

gefunden: Sie möchte heute Dornröschen spielen. Dafür legt sie sich
auf ihr Handtuch und stellt sich schlafend. Einer von uns darf den
Prinzen spielen und sie wach küssen. Danach feiern wir Hochzeit und
tanzen im Sand herum. Jeder, der uns in diesem Augenblick beobach-
tet, muss einfach nur schmunzeln.

Schmunzeln müssen wir auch später am Abend. Heute reservieren
wir nämlich einen Tisch in einem Restaurant, bevor wir zum Motel
zurückgehen. Es handelt sich wiederum um ein Boot in der Nähe
unseres gestrigen Lokals. Doch heute hätten wir uns die Reservierung
sparen können, denn als wir eine Stunde später frisch geduscht wie-
derkommen, sind noch mehrere Tische frei.

Bevor wir am nächsten Tag weiterfahren, ziehe ich meine Laufsachen
an und laufe noch einmal bis zum Strand. Zu Hause laufe ich sehr
gerne und regelmäßig zwei- bis dreimal pro Woche etwa 45 Minuten. Selbst mit Melissa im Bauch und dann im Kinderwagen bin ich
durch den Park gejoggt. Im letzten Herbst lief ich sogar meinen zweiten Halbmarathon und habe mir fest vorgenommen, dies so bald wie
möglich zu wiederholen. Heute entscheide ich mich für eine halb-
stündige Runde. Da es anfängt zu regnen, muss ich die Strecke leider
abkürzen. Nicht jedoch, ohne noch einmal an den Strand zu laufen
und aufs Meer zu blicken.

Heute liegt nur eine kurze Autofahrt vor uns. Foster – unser Ausgangspunkt für den Besuch des Wilsons-Promontory-Nationalparks
– ist etwa 240 Kilometer entfernt. Die Fahrt verläuft sehr ruhig, bis
auf einen Mückenangriff: Während einer Pause attackiert mich ein
Mückenschwarm derart heftig, dass ich sofort zurück in den Wagen
springe. Einige schaffen es sogar ins Auto, doch mit Melissas Hilfe
entdecke ich sie alle, und bald ist unser Auto wieder mückenfrei und
ich bleibe vor weiteren Stichen verschont.

Wilsons Promontory National Park

Strandhüpfer

In Foster steuern wir als erstes die Touristenformation an. Wie auch schon in unseren vorherigen Reisestationen holen wir uns dort die Info-Broschüre der Region, die wie immer kostenlos ist und wertvolle Tipps zu Wanderwegen, Restaurants und Unterkünften enthält. Direkt im Anschluss fahren wir zu unserem Motel. Mein schlechtes Bauchgefühl wird leider bestätigt, als uns die Dame von der Rezeption unser Zimmer zeigt: Es ist dunkel und riecht muffig. Wir können uns nicht vorstellen, darin zwei Nächte zu verbringen. Nur Melissa ist wie immer zufrieden und möchte am liebsten sofort auf ihrem Bett herumspringen. Leider ist kein anderes Zimmer mehr frei, doch wir wissen nicht, ob wir hier bleiben wollen. So beschließen wir, nach einer Alternative zu suchen und fahren zurück zur Touristeninformation.

Die Leiterin des Info-Centers ist freundlich und sehr hilfsbereit: Sie hilft uns bei der Suche nach einer anderen Unterkunft und bucht sie direkt für uns. Dadurch übernachten wir jetzt sogar noch viel näher am Eingang zum Wilsons-Promontory-Nationalpark, den wir morgen erkunden wollen. Glücklich machen wir uns auf nach Yanakie. Zuvor kaufen wir noch Lebensmittel im Supermarkt, da wir uns an den nächsten zwei Tagen selbst versorgen müssen. Die Preise erstaunen uns noch immer. Gegenüber Restaurant-Besuchen sparen wir nicht viel. Australien ist wirklich ein teures Reiseland.

In Yanakie gibt es außer ein paar Gästehäusern nur eine Tankstelle und einen Miniladen. Die „Black Cockatoo Cottages" finden wir ohne Probleme: Am Straßenrand weisen Schilder den Weg zu den Unterkünften. Unsere Vermieter reichen uns den Schlüssel sowie ein extra Bettlaken und einen Bettbezug für Melissa und zeigen uns den Weg zu unserem Haus. Es ist das unterste von drei Gästehäusern mit einem freien Blick auf eine große Wiese und das Meer. Wir sind beeindruckt. Auf der Terrasse steht ein Grill, den wir für unser Abendessen nutzen. Markus hat bei einem Fleischer Putenspieße mit Paprika gekauft und

Der Wilsons-Promontory-Nationalpark

brutzelt diese schön knusprig braun. Dazu genießen wir den Ausblick und sind sehr froh, jetzt nicht in dem dunklen Motelzimmer zu hocken.

Einen der *Black Cockatoos* oder Schwarzen Kakadus haben wir bislang nicht gesehen. Dafür hören wir merkwürdige Geräusche auf dem Dach unseres Häuschens, als wir uns ins Bett legen. Damit meine Angst nicht noch größer wird, stelle ich mir einfach vor, es seien zwei süße, knuddelige Koalas von ihren Bäumen geklettert und spielten nun Fangen auf unserem Dach. Ich weiß natürlich, dass dies sehr unwahrscheinlich ist, weil Koalas fast ohne Pause schlafen oder fressen und schon gar nicht hin- und herlaufen würden. Es hilft mir jedoch, ruhig einzuschlafen. Am nächsten Morgen entdecken wir keine Spuren und machen uns einfach keine weiteren Gedanken.

Nach einem Frühstück auf unserer Terrasse fahren wir zum Wilsons-Promontory-Nationalpark – kurz auch „Wilsons Prom" oder „The Prom" genannt. Es ist einer der größten und populärsten Nationalparks im Bundesstaat Victoria. Groß ist er wirklich: Vom Eingang

Wanderfrauen

fahren wir noch gut 30 Minuten, bis wir das Informationszentrum am Tidal River erreichen. Hier herrscht ein reges Treiben. Tagestouristen versorgen sich mit Informationen und im Mini-Supermarkt nebenan füllen die Camper ihre Vorräte auf. Zu unserem ersten Wanderweg laufen wir am Campingplatz vorbei, der ist bis auf den letzten Platz belegt ist – doch auf dem Wanderweg sind wir fast allein.

Zuerst kommen wir durch einen Wald und müssen ein paar Mal über Bäume hinweg steigen oder unter ihnen hindurch krabbeln, die uns den Weg versperren. Dann führt der Wanderpfad direkt an der Steilküste entlang. Die Aussicht ist grandios. Wir entdecken dicke Steinbrocken, die wie Spielzeug von Riesen aussehen. Bald erreichen wir unser erstes Ziel: den Squeeky Beach. Wir müssen lachen, denn der Strand trägt den Namen zu Recht: Der Sand quietscht, als wir darüber laufen. Wir ziehen unsere Schuhe aus und spazieren bis zur anderen Seite der breiten Bucht. Wir sind fast die einzigen Besucher. Am anderen Ende angekommen, ziehen wir unsere Schuhe wieder an und wandern zunächst vorbei an einer Trockenwiese bis zu einer weiteren Bucht. Auch hier schimmert der Sand goldgelb und das Wasser glitzert verführerisch. Doch wir lassen uns nicht verführen – noch nicht – und wandern zurück zum Squeeky Beach. Der ist jetzt ein wenig voller geworden: Eine Hand voll Sonnenhungriger liegt auf Handtüchern und eine Familie spielt Cricket. Die meisten Australier sind verrückt nach Cricket. Sie spielen es an Stränden und in Parks. Dazu berichtet das Fernsehen täglich von den bis zu fünf Tage dauernden Spielen. Unsere australischen Freunde haben versucht, uns die Regeln zu erklären, doch wir müssen noch immer genau zuschauen, um sie richtig zu verstehen. Dann kommt eine weitere Gruppe von Touristen, die einen Fußball dabei hat. Es ist das erste Mal, dass wir einen anderen Strandsport außer Cricket sehen. Das müssen Ausländer sein. Wir beobachten das Spiel und Melissa hüpft durch die flachen Wasserläufe, die an Steinen vorbei ins Meer fließen.

Ursprünglich wollten wir noch den Mount Oberon erklimmen. Da der Gipfel jedoch heute in den Wolken liegt, sparen wir uns den Auf-

Komische Vögel

stieg und laufen zurück zum Touristenzentrum in Tidal River. Dort gönnen wir uns ein Kugel Eis und schauen frechen kleinen Papageien zu, wie sie über die Tische hüpfen. Jetzt wollen auch wir hüpfen, und zwar ins Wasser. Wir gehen zum Normanton Beach direkt hinter dem Campingplatz und ziehen unsere Badesachen an. Der Tidal River fließt hier in flachen Adern ins Meer, in denen Melissa plantscht wie in einer Badewanne. Das Wasser ist im Vergleich zum Meerwasser richtig warm.

Apropos warm, ich habe noch gar nicht vom Wetter gesprochen, und dabei hat es uns heute sehr überrascht: Nachdem es heute Morgen noch sehr bewölkt war und wir die eine oder andere Regenwolke am Himmel vermuteten, kam während unserer Wanderung die Sonne heraus. Sie brannte richtig auf der Haut und ich war froh, dass wir uns trotz der Wolken eingecremt hatten. Am Strand sehen wir wieder mal einige rote Oberkörper, deren Besitzer sicherlich keine entspannte Nacht vor sich haben. Doch auch wir waren heute offenbar nicht vorsichtig genug: Markus Nacken ist rot wie ein Krebs und bei mir zeichnen sich ein paar rote Flecken am Hals ab, die ich übersehen haben muss. Für den Rest des Nachmittags lasse ich zum Schutz mein T-Shirt an. Melissa hat den starken Sonnenschein glücklicherweise ohne Schaden überstanden.

Vielleicht waren die Regentage in den letzten Wochen ja gar nicht so schlecht für unsere Haut? Auch einen weiteren Vorteil hat der Regen: Die Buschbrandgefahr liegt nahe Null. In den Sommermonaten kommt es normalerweise häufig zu Bränden und gerade bei Wanderungen durch Wälder muss man sehr vorsichtig sein. Noch mehr will ich den Regen aber nicht loben, denn Urlaub ist bei Sonnenschein einfach viel, viel schöner.

Nachdem wir genug geplantscht haben, gehen wir zum Auto zurück. Als wir ihm näher kommen, hören wir ein seltsames Geräusch. Unsere Alarmanlage ist an, doch wir wissen nicht wieso. Wir verstauen unser Gepäck, schnallen Melissa an und steigen ein. Als Markus den Schlüssel herumdreht, startet jedoch der Motor nicht. Nicht einmal ein kleines Geräusch gibt er von sich. Was machen wir nun? Markus läuft zum Info-Center, um nach Hilfe zu fragen. Zum Glück hat es noch geöffnet, so dass er mit einem Ranger zurückkommt. Der Ranger hat sogar ein Starterset dabei, das er uns gegen einen Pfand leiht. Wir schließen die Kabel an und starten den Motor erneut. Jetzt funktioniert es. Der Motor läuft und wir passen auf, dass er nicht ausgeht. Markus bringt das Starterset zurück und hätte vor lauter Freude fast vergessen, sich seinen Pfand zurückgeben zu lassen. Zum Glück bemerkt er es noch rechtzeitig, bevor wir den Parkplatz verlassen – seine Kreditkarte wird er in diesem Urlaub schließlich noch öfter brauchen.

Jetzt ist es fast 19 Uhr und wir müssen vorsichtig fahren. Sobald die Dämmerung beginnt, kommen die Tiere aus ihren Verstecken. Es dauert nicht lange, bis wir eine Gruppe von Kängurus auf einer Wiese direkt neben der Straße sehen. Vorsichtig fahren wir vorbei und erreichen sicher unser Häuschen. Heute Abend essen wir mal wieder eine große Portion Nudeln mit Gemüse und genießen noch einmal den Ausblick von unserer Terrasse. Morgen fahren wir nach Melbourne und sind schon sehr gespannt darauf.

Badespaß am Whisky Beach

Melbourne

Sport-Hauptstadt Australiens

Bis nach Melbourne sind es knapp 160 Kilometer. Nach fast zwei Wochen – bis auf die kurze Unterbrechung in Canberra – sind wir zum ersten Mal wieder in einer größeren Stadt. Melbourne ist die Hauptstadt des Bundesstaates Victoria und mit fast 3,4 Millionen Einwohnern nach Sydney die zweitgrößte Stadt Australiens. Im Jahr 1835 kaufte der Brite John Batman den ansässigen Aborigines ein großes Stück Land am Yarra River ab und gründete an dessen Nordufer eine Siedlung. Im Gegensatz zu anderen Siedlungen im Südosten Australiens war Melbourne jedoch nie eine Strafkolonie. Aufgrund der Goldfunde im nahegelegenen Ballarat entwickelte sich der Ort rasch: Der Hafen wurde zum wichtigen Umschlageplatz und Banken und Bauunternehmer ließen sich nieder. Von 1901 bis 1927 war Melbourne sogar die Hauptstadt Australiens.

Wir brauchen ein wenig, um uns an den Trubel zu gewöhnen. Melbourne ist voll – voll von Menschen. Wir haben uns ein Wochenende ausgesucht, an dem so einiges los ist: Neben einem wichtigen Cricket-Spiel findet ein Outdoor-Festival statt. Außerdem beginnen die „Australian Open". Wir sind zwar keine begnadeten Tennisspieler, haben aber Spaß daran, dem Filzball hinterher zu flitzen und ihn über das Netz zu schlagen, und verfolgen das Tennisturnier noch gespannt für den Rest unseres Urlaubs.

Um einen ersten Überblick über die Stadt zu bekommen, fahren wir mit der historischen Straßenbahn. Eine der Haltestellen ist nicht weit von unserem zentral gelegenen Hotel „Batmans Hill on Collins" entfernt. Die Bahn bringt Touristen kostenlos um das Stadtzentrum herum bis zum neuen Hafenviertel. Dort steigen wir aus und schlendern den Pier entlang – vorbei an einem kleinen Flohmarkt und zwei Eiscafés. Beim letzteren der beiden können wir nicht widerstehen.

Wir laufen zur nächsten Haltestelle und fahren bis zum Federations Square, dem zentralen Platz im Stadtzentrum. In Melbourne finden wir uns schnell zurecht. Die Straßen im Stadtkern verlaufen wie auf einem Schachbrett und grenzen südlich an den Yarra River. Mich erinnert Melbourne ein wenig an London, wahrscheinlich wegen der ähnlichen Uferpromenaden. Auch hier reihen sich Restaurants aneinander und Straßenkünstler zeigen ihr Können. Merkwürdig finde ich allerdings einige Brücken. Statt auf kürzestem Weg gerade über den Fluss zu verlaufen, führen sie quer hinüber. Wer sich das wohl ausgedacht hat? Wir spazieren an der Promenade entlang und suchen uns ein Restaurant zum Abendessen. Zur Abwechslung essen wir mal wieder Thailändisch. Ich muss noch immer an unser leckeres Silvesteressen in Brisbane denken. Die Messlatte liegt jedoch ein wenig zu hoch, denn in dem Restaurant unserer Wahl ist das Hühnchenfleisch zu scharf und der Reis schmeckt nicht so gut nach Kokosnuss. Ich probiere Markus' Essen und verstehe, dass er zufrieden ist: Das Rindfleisch ist zart und die Reisnudeln sind bissfest. Melissa bekommt heute einen Teil von Markus Portion, und gut gestärkt gehen wir drei zu unserem Hotel zurück.

Am nächsten Morgen frühstücken wir in einem kleinen Café gegenüber dem Hoteleingang. Danach gehen wir zu dem Fahrradvermieter, den wir gestern entdeckt haben. Dort leihen wir uns zwei Fahrräder und Helme. Melissa sitzt im Fahrradsitz auf Markus' Fahrrad und freut sich, dass sie heute nicht laufen muss. Im Gegensatz zu den Nationalparks, wo sie regelrecht zur Wandermaus wird, ist sie in der Stadt zu schlapp zum Laufen. „Ich habe keine Energie", bestätigt sie uns immer wieder und jeder Überzeugungsversuch scheint zwecklos.

Auch wir genießen die Radtour, die eine gelungene Abwechslung darstellt. Außerdem sehen wir so viel mehr von der Stadt als bei einem Fußmarsch. Zuerst fahren wir am Fluss entlang und kommen auch am Austragungsort der Australian Open vorbei. Hier ist schon richtig was los. Als wir weiterfahren, wird es wieder ruhiger. Wir treten noch ein gutes Stück weiter in die Pedale, bevor wir umdrehen und uns für den Radweg auf der anderen Uferseite entscheiden. Hier fahren wir bis zu den Royal Botanical Gardens. Der botanische Garten ist riesig und wunderschön angelegt – er gilt sogar als einer der schönsten der Welt. Das Café in der Parkmitte ist ein idealer Halt für unseren Mit-

Skyline von Melbourne / Künstlicher See im Albert Park

Der Eureka Tower in Southbank am Yarra River

tagssnack. Nach der Pause blicken wir auf die Stadtkarte, die uns der Radvermieter gegeben hat, und entscheiden uns, die rund zehn Kilometer nach St. Kilda weiterzuradeln. Der am Meer gelegene Vorort von Melbourne ist eigentlich ein sehr beliebtes Ausflugsziel. Heute wirkt der Strand jedoch verlassen. Wir können das gut verstehen, denn es ist bewölkt und kühl. Somit bleiben wir nicht lange und fahren den gleichen Weg zurück, den wir gekommen sind – vorbei an einem See mit schwarzen Schwänen. Nie zuvor hatte ich diese Schwarzschwäne gesehen und muss für ein Foto anhalten. Zahlreiche Fotos habe ich in diesem Urlaub schon geschossen und schon jetzt freue ich mich darauf, zu Hause am Computer ein Fotobuch von unserer Reise zu gestalten. Viel wichtiger sind uns jedoch die tatsächlichen Eindrücke. Wie auch der erstaunte Gesichtsausdruck des Verleihers im Fahrradladen, als wir ihm von unserem Ausflug nach St. Kilda berichten. Er hatte vermutet, wir würden nur gemütlich am Fluss hin- und herfahren. Bevor wir uns von ihm verabschieden, fragen wir ihn nach dem Weg zur Brunswick Street. Freunde hatten uns die Straße empfohlen: "Dort findet ihr coole Cafés zum Entspannen." Wir sind neugierig.

Wir fahren so weit wie möglich mit der historischen Straßenbahn und laufen den Rest des Weges. Als wir in die Brunswick Street einbiegen, wissen wir, was unseren Freunden gefallen hat. Es reihen sich kleine Geschäfte, Szenekneipen und Cafés aneinander. Wir schlendern die Straße entlang, bis wir an einem Café nicht vorbeigehen können. Der Kuchen dort erweist sich als genauso lecker, wie er aussieht. Das haben sich noch andere deutsche Touristen gedacht, die am Nachbartisch sitzen und ebenso genüsslich vom Aprikosencrumble probieren – einem warmen Stück Aprikosenkuchen mit Streuseln.

Zurück wollen wir eigentlich wieder mit der Straßenbahn fahren. Da wir nicht mehr genug Kleingeld dabei haben, müssen wir jedoch weiter laufen. Dabei tragen Markus und ich Melissa abwechselnd, bis wir in einem kleinen Park einen Spielplatz entdecken. Plötzlich hat sie wieder Energie: Sie klettert, rutscht und springt ohne Pause. Sie will sogar noch laufen, als wir nach einer guten Stunde wieder aufbrechen. Voller Übereifer rennt sie vor uns her, kommt ins Stolpern und fällt hin. Als ich mir ihre Beule ansehe, kann ich gut verstehen, dass sie weint. Wir kaufen in einer Tankstelle auf der gegenüberliegenden Straßenseite eine kleine Wasserflasche und sind zum ersten Mal froh, dass sie stark gekühlt ist. Wir halten sie an die Beule und es funktioniert: Schnell wird sie kleiner. Melissa möchte jetzt allerdings nicht weiterlaufen.

Auf dem Weg zu unserem Hotel entdecken wir mehrere belebte Seitenstraßen. Kellner versuchen, auch uns in ihre Restaurants zu locken, doch wir entscheiden uns für einen ruhigen Inder – eine gelungene Abwechslung. Kaputt von dem ereignisreichen Tag hüpfen Melissa und ich später in unserem Hotel in die Badewanne. Markus ist noch immer nicht müde und geht für eine Runde ins Fitnesscenter auf der anderen Straßenseite. Er muss dafür nicht einmal bezahlen, denn mit der Mitgliedskarte seines deutschen Fitnessclubs erhält er auch hier freien Eintritt – der Globalisierung sei Dank. Am nächsten Tag nehmen wir Abschied von Melbourne, denn uns zieht es wieder ans Meer.

Schwarzschwäne – auch Trauerschwäne genannt

Great Ocean Road

Paradies für Surfer und Wanderer

Wir verlassen Melbourne in Richtung Great Ocean Road, die zu den schönsten Küstenstraßen der Welt zählt. Sie führt die meiste Zeit direkt am Meer entlang und bietet spektakuläre Ausblicke. Offiziell beginnt sie in Torquay, der Surf-Hauptstadt Australiens. Alljährlich trifft sich hier die Surfelite, um auf den hohen Wellen am Bells Beach zu reiten. Ich wollte mir die Bucht unbedingt ansehen, weil hier die Abschlussszene des Films „Gefährliche Brandung" mit Keanu Reeves und Patrick Swayze spielt (wenn sie dort auch nicht gefilmt wurde). Heute türmen sich hier jedoch keine gigantischen Wellen. Wir genießen kurz den Blick aufs Meer und entschließen uns dann weiterzufahren. Die Straße schlängelt sich an der Küste entlang – vorbei an Steilklippen und breiten Sandbuchten. Wir halten Ausschau nach einem Restaurant. Dabei fahren wir durch kleine Küstenorte und vorbei an schönen Stränden, bis wir schließlich in Lorne halten. Hier finden wir ein gemütliches Café, in dem wir uns stärken können. Es ist liebevoll dekoriert und die kleine Speisekarte sieht verlockend aus. In einem Wandregal reihen sich zahlreiche Gläser mit verschiedenen Teesorten aneinander und im Hintergrund läuft Sting – mal lauter, mal leiser, denn die Besitzerin ändert öfter die Lautstärke.

Lorne gefällt uns vom ersten Augenblick an und somit beschließen wir, uns hier eine Unterkunft für die nächsten drei Tage zu suchen. Wir gehen zur Touristeninformation und lassen uns eine Liste mit freien Unterkünften geben. Die ältere Dame, die uns mit Informationen versorgt, ist sehr engagiert und möchte uns gar nicht gehen lassen. Mit der Liste und zahlreichen Wandertipps im Gepäck können wir uns schließlich doch losreißen und laufen direkt zur ersten Unterkunft. Das „Anchorage Motel" liegt nur ein paar Schritte entfernt auf der gegenüberliegenden Straßenseite. Die Besitzerin zeigt uns zwei Apartments, von denen uns das kleinere sehr gefällt. Es hat einen sehr hellen Wohnbereich, ein Schlafzimmer, eine komplette Küchenzeile sowie eine große Terrasse, und all das zu einem fairen Preis.

Die Great Ocean Road – eine der schönsten Küstenstraßen der Welt

Wir wollen zunächst trotzdem auch noch einen Blick in eine andere Unterkunft werfen, sind aber schnell wieder zurück und ziehen glücklich in unsere kleine Wohnung ein.

Glücklich sind wir auch über unsere Wahl, als wir zum Strand gehen. Eine breite Bucht mit feinem, goldgelbem Sand liegt vor uns. Wir halten unsere Füße ins flache Wasser, um die Temperatur zu testen: Es ist angenehm warm. Also ziehen wir unsere Badesachen an und hüpfen hinein. Der Strand ist nicht sehr voll, obwohl heute ein sehr schöner Tag ist. Der Himmel ist zwar bewölkt, doch es ist warm und trocken. Nachdem wir unsere nassen gegen trockene Sachen ausgetauscht haben, laufen wir am Strand entlang zu unserer Unterkunft und bringen unsere Badesachen ins Apartment. Wir wollen noch zum Supermarkt, um uns für unser Frühstück Obst, Milch und Müsli zu kaufen. Auf dem Weg dorthin überqueren wir einen kleinen Fluss und setzen uns kurz auf eine Bank. In dem Moment fliegen mindestens zehn Kakadus an uns vorbei und kreischen laut. Die großen Vögel sind weiß und tragen eine leuchtend gelbe Federhaube auf dem Kopf.

Ausblick vom Wanderweg bei Lorne

Später beim Abendessen auf unserer Terrasse fliegen wieder Kakadus über unsere Köpfe hinweg. Zwei entschließen sich sogar, auf dem Balkongeländer zu landen, und einer ist ganz frech und fliegt beinahe auf unseren Tisch. Ob unser Fischfilet zu verführerisch riecht? Ich möchte gar nicht wissen, ob sie für ein Stück von unserem Essen noch aufdringlicher werden und bin froh, als sie endlich weiterfliegen, denn sowohl der Hakenschnabel als auch die Krallen sehen sehr kräftig aus.

Als Melissa schon eingeschlafen ist, checken Markus und ich die Ergebnisse der „Australian Open" und freuen uns, dass die Deutsche Andrea Petkovic eine Runde weiter ist. In der Werbepause entdecken wir durch Zufall einen Kinokanal. Dort beginnt gerade der Woody-Allen-Film „Whatever Works". Wir geben dem Film eine Chance und sind begeistert. Der Hauptdarsteller spielt einen zynischen, älteren Mann derart glaubhaft, dass er uns sehr zum Lachen bringt.

Plötzlich schreckt uns ein dumpfes Geräusch auf. Hatte ich schon erwähnt, wie sehr sich Melissa im Schlaf bewegen kann? Heute abend gibt sie uns davon erneut eine Kostprobe und rollt aus dem großen

Surferin am Strand von Lorne

Bett, in das wir sie zum Einschlafen quer gelegt hatten. Glücklicherweise fällt sie nicht tief und außerdem auf einen sehr weichen Teppich. Dabei wacht sie nicht einmal auf. Trotzdem fühlen wir uns ein wenig wie Rabeneltern. Wir legen sie vorsichtig zurück auf das Bett – dieses Mal mit Kissen als Schutz um sie herum. Nachdem wir uns den Film ungestört zu Ende angesehen haben, tragen wir die schlafende Melissa auf die Wohnzimmercouch, wo sie in aller Ruhe weiterschläft.

Lorne ist ein perfekter Ort zum Entspannen. Wir genießen es, drei Tage hier zu sein. Heute wollen wir nach dem Frühstück an der Küste entlang wandern. Wir gehen zuerst zum Pier und genießen den Ausblick auf die Bucht. Dann laufen wir weiter durch einen sandigen Strandabschnitt. Hier finden wir zahlreiche Muscheln, von denen sich Melissa ein paar aussuchen und in den Rucksack stecken darf. Über eine saftig grüne Wiese laufen wir weiter und gelangen schließlich in einen Wald. Auf dem Wanderweg, der hier hindurchführt, stehen Hinweistafeln, die uns einiges über den Bergbau in dieser Region verraten. Der Weg ist gut ausgebaut – nur an einigen Stellen ist er matschig. Melissa wandert schon die ganze Zeit mit und wir können sie auch an den steilen Passagen nicht bremsen. Vielleicht hat unser Training zu Hause doch etwas gebracht? Seit fast drei Jahren wohnen wir im vierten Stock ohne Aufzug und Melissa läuft nicht immer ohne Nörgeln die Treppen hinauf. Hier marschiert sie ohne Probleme und wir müssen sie von einem Päuschen überzeugen. Für letzteres nutzen wir eine Bank am Wegesrand mit einem grandiosen Ausblick auf die Küste.

Eigentlich sollte unser Weg ein Rundweg sein, doch irgendwie verlaufen wir uns ein bisschen. Da wir nicht zu weit von Lorne weg sind, stellt das aber kein Problem dar. Wir müssen ein Schild übersehen haben und laufen nun nach Gefühl, bis wir in einer Wohngegend oberhalb der Bucht von Lorne herauskommen. Dort staunen wir über die Häuser. Wir hatten bereits gehört, dass die Bewohner von Melbourne gerne nach Lorne kommen und sich einige ein Urlaubsdomizil leisten. Zu gerne würden wir einen Blick in die zum Teil sehr modern gestalteten Häuser mit Meerblick werfen.

Kleiner Waldzwerg im Otway-Nationalpark

Nur einen kurzen Augenblick später genießen wir wieder den Blick aufs Meer. Wir sitzen im Clubhaus direkt am Strand und stärken uns nach der Wanderung. Der Himmel ist jetzt strahlend blau und der Strand viel voller als am ersten Tag. Wo kommen die vielen Menschen her? Wir suchen uns einen Platz und wollen gleich das *Boogie Board* testen, das Markus an einer Mülltonne gefunden hat. Offenbar hat es dort jemand entsorgt, weil es leicht angebrochen ist. Für unsere Zwecke ist es jedoch perfekt. Melissa zieht es im flachen Wasser hinter sich her und übt mit unserer Hilfe surfen. Dabei steht sie auf dem Brett und Markus hält sie fest. „Mehr, mehr" und „schneller, schneller", ruft sie ihm immer wieder zu. Ich muss lachen – es sieht zu komisch aus!

Der Hunger führt uns schließlich zurück zu unserem Apartment. Wir kochen Spaghetti Bolognese, die wir auf unserer Terrasse essen. Heute besuchen uns keine Kakadus – dafür fliegt ein großer Schwarm von ihnen über uns hinweg und kreischt dazu ohrenbetäubend laut. Heute würde ich es sogar verstehen, wenn sich ein Kakadu für unser Essen interessiert, denn Markus kocht die leckerste Bolognese-Soße der Welt.

Unser Nudelgericht gibt uns genug Energie für eine weitere Wanderung, die uns am nächsten Morgen zum Erskine Fall führt – einem etwa 30 Meter hohen Wasserfall im Otway-Nationalpark. Die Great Ocean Road streift einen großen Teil dieses Parks, der sich über fast 80 Kilometer zwischen dem Ort Anglesea und dem Leuchtturm am Cape Otway erstreckt und dabei sowohl an der Küste entlang als auch durch das Hinterland verläuft.

Wir fahren ein kurzes Stück mit dem Auto und wandern dann los. Auf dem Wanderweg sind wir ganz allein und laufen vorbei an saftig grünen Farnen, großen Bäumen und über kleine Brücken, die einen Bach überqueren. Nach etwa einer Stunde haben wir den Parkplatz oberhalb des Wasserfalls erreicht. Hier parken die Besucher, die sich die Wanderung sparen wollen. Die Stufen hinab müssen jedoch auch sie laufen, wenn sie den Wasserfall von unten sehen wollen.

Unten angekommen, setzen wir uns auf einen großen Stein und ruhen uns aus. Nach unserer Pause laufen wir die Treppen wieder hinauf und den Weg zurück zu unserem Auto. Auch Melissa ist wieder ein langes Stück gewandert. In diesem Urlaub ist sie schon zur richtigen Wandermaus geworden. Stolz strahlt sie, als wir sie dafür loben. Als Belohnung für uns alle gehen wir zurück in Lorne in ein Café und gönnen uns ein Schokoeis.

Dann heißt es wieder: Badesachen einpacken und ab an den Strand. Schon jetzt werde ich ein wenig wehmütig, denn morgen fahren wir weiter. Ich könnte noch mindestens eine Woche in Lorne verbringen, ohne dass mir langweilig würde. Wir kosten die letzten Stunden am Strand richtig aus, bauen Sandburgen, hüpfen über kleine Wellen und laufen im Sand um die Wette. Die Restaurantwahl für unser Abendessen überlasse ich Markus. Wie so oft gelingt es ihm auch heute, ein besonderes Lokal zu finden. Auf den ersten Blick wirkt es wie ein ganz normales Fast-Food-Lokal, und da ich Burger nicht so gerne esse, bin ich kurz davor, etwas anderes zu suchen. Markus überzeugt mich jedoch zu bleiben und ich bin froh darüber. Das Hühnchenfleisch meines „Italian Grilled Chicken"-Burgers ist saftig und zart und dazu knusprig braun gegrillt. Genauso knusprig ist auch das Brötchen, das mich an ein deutsches Brötchen erinnert. Sogar die Pommes Frites schmecken mir wieder, die ich nach den vielen „Fish & Chips"-Portionen schon gar nicht mehr sehen konnte. Die italienische Note verleiht dem Burger ein gegrilltes Stück Paprika – wirklich lecker.

Am nächsten Morgen ziehe ich mir noch einmal die Laufsachen an. Zuerst laufe ich den Weg an der Küste entlang und genieße den Blick auf das Meer. Am Pier drehe ich um. Hier hoffen bereits einige Angler auf den großen Fang. Auf dem Rückweg laufe ich direkt am Strand entlang, der jetzt noch sehr leer ist. Nur ein paar Surfer wollen die Wellen in den Morgenstunden nutzen. Ich laufe weiter bis zum Ende der Bucht, überquere eine Brücke und nehme den Weg am Campingplatz zurück zu unserem Motel. Jetzt freue ich mich sehr auf eine große Schüssel Müsli mit frischem Obst.

Da unser Flugzeug von Melbourne nach Adelaide erst kurz vor drei Uhr startet, fahren wir nicht direkt nach dem Frühstück los. Wir verbringen noch fast zwei Stunden auf dem großen Spielplatz vor dem Strand, bevor wir Lorne schließlich doch verlassen müssen. Ohne

Die Erskine-Fälle im Otway-Nationalpark

Probleme erreichen wir den Flughafen in Melbourne und geben dort unseren Mietwagen zurück, mit dem wir seit Sydney gefahren sind. Die größere Wagenklasse hat sich gelohnt, denn wir sind sehr bequem gereist. Dank des Angebotes von „Sunny Cars", das Markus zu Hause im Internet gefunden hatte, war er nicht teurer als ein Wagen der niedrigeren Klasse. Da wir unsere Unterkünfte häufig gewechselt haben, waren wir sehr froh darüber, unsere drei Reisetaschen ohne Mühe in den Kofferraum schieben zu können.

Kein Wunder, dass ich Markus ein wenig aufbauen muss, als er unseren Mietwagen am Flughafen in Adelaide sieht. Im Vergleich zu unserem vorherigen Wagen ist er geradezu winzig, und wir müssen einige Taschen auch auf den Rücksitz neben Melissa quetschen. Wirklich schade, dass sich das Reisebüro, bei dem wir außer dem Flug auch viele Hotels und diesen Mietwagen gebucht haben, anscheinend nicht so viele Gedanken über die Reisebedürfnisse einer kleinen Familie gemacht hat. Statt mich jetzt weiter darüber aufzuregen, freue ich mich lieber auf unser nächstes Ziel. Voller Vorfreude leite ich Markus ins Coromandel Valley – einen Vorort im Südwesten der Stadt. Adelaide ist das westlichste Ziel unserer Reise. Mit knapp 1,1 Millionen Einwohnern ist die Hauptstadt des Bundesstaates South Australia die fünftgrößte Stadt des Landes. Sie steht im Schatten der Metropolen Melbourne und Sydney. Auch unsere Freunde in Brisbane wundern sich, warum wir dorthin wollen. Sie halten die Stadt für wenig spektakulär. Wir haben jedoch einen ganz besonderen Grund.

Adelaide

Brieffreunde treffen sich zum ersten Mal

Schon zu Hause hatte ich einen Stadtplan mit der Anfahrtsskizze ausgedruckt, damit wir den Weg ins Coromandel Valley finden. Auch in Adelaide fällt uns die Orientierung leicht. Die Straßen verlaufen zum Großteil schnurgerade und sind gut ausgeschildert. Schneller als erwartet haben wir unser Ziel erreicht. Aufgeregt drücke ich auf den Klingelknopf und dann steht sie plötzlich vor mir: meine Brieffreundin Sarah, die ich noch nie zuvor gesehen habe. Ganz selbstverständlich umarmen wir uns und stellen unsere Familie vor. Ihr Mann Brenton hat den jüngsten Familienzuwachs, den einjährigen Archer im Arm. Auch die beiden älteren Kinder Noah und Connor kommen jetzt zur Tür. Die beiden sind vier und sechs Jahr alt und somit sehr interessant für unsere Kleine. Sofort nehmen sie Melissa an die Hand und führen sie ins Haus. Sie strahlt glücklich, weil die großen Jungs mit ihr spielen wollen. Ich bin immer wieder erstaunt, wie gut die Kommunikation unter Kindern klappt, auch wenn sie nicht die selbe Sprache sprechen. Doch auch wir Erwachsenen verstehen uns sehr gut – nicht nur sprachlich. Seitdem wir in Australien sind, genieße ich es, endlich mal wieder von morgens bis abends ins Englische abzutauchen. Während meines Studiums habe ich ein Jahr in den USA verbracht und freue mich daher über jede Gelegenheit, Englisch zu sprechen. Auch Markus hat keine Probleme, sich in Englisch auszudrücken.

Brenton und Sarah sind sehr unkompliziert und zeigen uns stolz ihr Haus. Sie entschuldigen sich, dass es an einigen Stellen noch wie eine Baustelle aussieht. Da Brenton als Tischlermeister jedoch das meiste selbst macht, kann er nur die Zeit nach Feierabend und ein paar Stunden an den Wochenenden nutzen, um das Haus auszubauen. Zurzeit planen sie ein weiteres Zimmer, um ihren drei Jungs mehr Platz zu bieten. Uns reicht der Platz und es stellt für uns eine willkommene Abwechslung dar, bei Freunden zu übernachten. Im Wohnzimmer bauen wir uns ein Bett aus Matratzen, das die Kinder

Deutsch-australische Freundschaft

sogleich als Spielwiese nutzen. Dort schläft Melissa nach unserem gemeinsamen Abendessen rasch ein. Die beiden älteren Jungs sind noch zu aufgeregt zum Schlafen. Ständig kommen sie zurück zu uns in die Küche, um noch eine Frage zu stellen oder einfach nur nach uns zu sehen.

Kein Wunder, dass sie am nächsten Morgen etwas verschlafen aussehen. Zum Frühstück testen wir erneut Vegemite auf Toast. Opi und Rebecca hatten uns den Aufstrich bereits angeboten. Wir bestreichen das warme Toastbrot mit Butter und danach ganz dünn mit der schwarzen Paste. Sie riecht und schmeckt salzig wie Maggie. Bei den meisten Australiern ist sie sehr beliebt – unsere Lieblingsspeise wird sie bestimmt nicht. Auch wenn sie angeblich vor Mückenstichen schützen soll. Ob das funktioniert oder nur ein cleverer Marketinggag ist, wissen wir allerdings nicht.

„Interessiert ihr euch für eine Sightseeingtour durch die Stadt oder wollt ihr lieber an den Strand?" Sarahs Frage beantworten wir ohne zu zögern und fahren nach dem Frühstück ans Wasser. Da Sarahs Eltern im Vorort Glenelg wohnen, nutzen wir deren Einfahrt als Parkplatz. Das erweist sich als kluger Einfall, denn Parkplätze sind in dieser Gegend heiß begehrt. Richtig heiß brutzelt auch die Sonne mittlerweile auf uns hinunter. Als wir die Strandpromenade bis zum Yachthafen entlanglaufen, sind wir froh über jedes Fleckchen Schatten. Genauso haben wir uns einen normalen Sommertag in Australien vorgestellt.

Sarah und Brenton wollen uns eins ihrer Lieblingsrestaurants zeigen und führen uns die belebte Hauptstraße entlang. Hier reihen sich Restaurants, Eiscafés und Geschäfte aneinander. Nachdem wir die Kinder ein letztes Mal motivieren konnten, noch ein paar Schritte zu laufen, sind wir endlich da. Das „The Strand" ist modern eingerichtet und auf der Karte finden wir neben Pasta und Pizza auch Salate. Nur etwas laut ist es. Das hat allerdings den Vorteil, dass wir die anderen Gäste nicht stören, als sich die Kinder um die Pommes Frites streiten. Nachdem wir die Portionen gleichmäßig verteilt haben, kehrt Ruhe ein und wir können unser Essen genießen.

Gut gesättigt gehen wir danach die Hauptstraße zurück zum

Strand. Hier ziehen wir alle unsere Schuhe aus und laufen durch den warmen Sand. Melissa läuft mit den Jungs im Wasser um die Wette und quiekt vor Freude. Auch ich wate durch das glitzernde Wasser. Bei einer Welle passe ich jedoch nicht auf und mein Rock wird nass. Das ist aber nicht weiter tragisch, denn in der Sonne ist er schnell wieder trocken. „Wir kommen sehr oft hierher und genießen es, so dicht am Meer zu wohnen", sagt Sarah, und ich kann das gut nachempfinden. Genau jetzt wünsche ich mir, auch wir würden direkt am Meer wohnen und im Sand spazieren können, wann immer wir dazu Lust haben.

Zurück im Haus von Sarah und Brenton können es die Kinder gar nicht erwarten, in den Garten zu laufen. Hier ist ein wahres Kinderparadies und jede Menge Platz zum Austoben. Sie hüpfen auf dem Trampolin, fahren mit den Rollern über einen selbstgebauten Parcours und lassen dafür den Sandkasten links liegen. Genug Sand haben sie heute wahrscheinlich schon gesehen. Wir schauen ihnen zu und fragen uns, wie lange es dauert, bis die ersten Tränen fließen. Es geht eine ganze Weile gut, doch dann stoßen zuerst Noah und Melissa beim Trampolinhüpfen mit den Köpfen aneinander und Connor nimmt eine Kurve mit seinem Roller nicht richtig und fällt hin. Schnell ist alles wieder gut und die drei spielen fröhlich weiter. Der einjährige Archer sitzt noch auf dem Schoß von Sarah, aber schon bald wird auch er mittoben wollen.

Heute Abend schlafen alle Kinder schnell ein und Markus und ich können uns in aller Ruhe mit Sarah und Brenton unterhalten. Sarah bringt mich zum Lachen, als sie mir die ersten Briefe zeigt, die ich ihr geschrieben habe. Es ist wirklich erstaunlich, dass wir so lange in Kontakt geblieben sind. Wir schreiben seit ein paar Jahren keine Briefe mehr, sondern tauschen uns über E-Mails aus. Wir versprechen, uns auch in Zukunft weiter zu schreiben, und vielleicht besuchen wir uns sogar eines Tages wieder.

Nach dem Frühstück am nächsten Morgen verlassen wir unsere Freunde. Wir fahren in Richtung Süden über die Fleurieu Peninsula. Die Halbinsel erstreckt sich bis zum Fährhafen Cape Jervis. Es ist hier sehr trocken und heiß und nicht so saftig grün wie in Lorne.

Ursprünglich wollten wir uns eine Unterkunft auf der Halbinsel nehmen. Wir entschließen uns jedoch, schon heute zum Fährhafen zu fahren. Dort versuchen wir, unser Ticket umzubuchen, das auf den nächsten Tag ausgestellt ist. Ohne Probleme erhalten wir unser neues Ticket und steigen in die nächste Fähre nach Kangaroo Island ein.

Das Meer ist ruhig und ich bin mehr als froh darüber, denn ich werde schnell seekrank. Das letzte Mal bewies ich vor einem Jahr, dass ich nicht besonders seetauglich bin. Wir fuhren mit einer Fähre von Teneriffa nach La Gomera. Die Fahrt dauerte nur 35 Minuten, doch das reichte aus, bei über der Hälfte der Passagiere den Magen aufzuwirbeln. Heute kann ich mich beruhigt zurücklehnen. Fast wie über einen See gleitet die Fähre ihrem Ziel entgegen – dem nur etwa 15 Kilometer vom Festland entfernten Kangaroo Island.

Fähre nach Kangaroo Island

Kangaroo Island

Schlittenfahrt auf andere Art

Auf der Insel angekommen, suchen wir uns als erstes eine Unterkunft in der Nähe des Hafens. Da die Touristeninformation in Penneshaw vor fünf Minuten geschlossen hat, müssen wir diesmal auf eigene Faust nach einem freien Zimmer fragen. Das „Kangaroo Island Seafront Resort" lockt uns mit einem Pool. Da es nun fast 17 Uhr ist, nehmen wir das letzte freie Zimmer im Erdgeschoss direkt neben dem Eingang und verzichten darauf, nach einer Alternative zu suchen. Der Zimmerpreis von umgerechnet fast 150 Euro ist jedoch nicht ganz angemessen, denn an der Wand zum Bad ist ein großer Wasserfleck. Wir erfahren bald den Grund dafür: Die Dusche funktioniert nicht einwandfrei. Ich habe sogar ein wenig Angst, das Zimmer zu überfluten, als ich den Duschhahn nicht mehr ausstellen kann. Markus ist schließlich stark genug. Allerdings dreht er ihn dabei so fest zu, dass er Mühe hat, ihn später wieder zu öffnen.

Zum Abendessen testen wir das „Fish". Es handelt sich dabei um einen kleinen Fischimbiss – keine fünf Fuß-Minuten vom Hotel entfernt. Zahlreiche Artikel preisen es als das beste Fischlokal Australiens. Wir wollen uns den Gaumenschmaus nicht entgehen lassen. Leider sind wir nicht ganz zufrieden: Die Lage ist wirklich toll und der Meerblick grandios, doch das gegrillte Fischfilet schmeckt nicht annähernd so lecker wie bei dem Fischimbiss in Manly. Außerdem sind die Portionen so klein, dass wir danach noch einen kleinen Snack aus dem Supermarkt brauchen.

Am nächsten Tag starten wir unsere Erkundungstour der Insel. Noch ist es bewölkt und ein paar Grad kühler als am Vortag. Kangaroo Island ist die drittgrößte Insel Australiens und fast achtmal so groß wie Singapur. Dennoch leben hier nur etwas mehr als 4.200 Menschen. Wer möchte, findet also Ruhe pur. Anders als der Name vermuten lassen könnte, hüpfen hier auch nicht tausende Kängurus herum. Stattdessen fahren wir vorbei an Eukalyptuswäldern sowie an Sümpfen – ein kurzes Stück sogar ganz dicht am Meer entlang.

Ausrangierter Laster auf der Eukalyptusfarm

Kangaroo Island ist berühmt für seinen Honig und so lautet unser erstes Ziel „Clifford's Honey Farm". Ich hatte davon in dem Werbefilm erfahren, der auf den Bildschirmen auf der Fähre lief. Auf der Honigfarm finden wir einen kleinen Laden mit Produkten rund um das Thema Honig. Wir entdecken Honig in verschieden Gläsergrößen und Geschmacksrichtungen, Honigplätzchen und sogar Honigeis. In einem Nebenraum könnten wir mehr über die Honigproduktion erfahren, wollen aber lieber weiter – noch andere Ziele stehen auf unserem Tagesprogramm.

Als nächstes wollen wir die „Emu Ridge Eucalyptus Oil Destillery" besuchen. Hier sehen wir uns in dem Verkaufsladen um und staunen, was man alles aus Eukalyptusöl machen kann. Wir verkneifen es uns jedoch, eine superteure Hautcreme zu kaufen, auch wenn sie vielleicht Wunder wirken könnte. Dann wird es immer wärmer und die Wolken verschwinden fast komplett. Wir fahren unter einem fast blauen Himmel über eine rote Sandstraße – genau so hatten wir uns Australien vorgestellt. Nach dem vielen Regen im „Sunshine State" Queensland haben wir es auf Kangaroo Island endlich gefunden.

Ein Prospekt von „Kangaroo Island Outdoor Action" verspricht Spaß bei Quadtouren und beim Sandboarding. Schon immer wollte ich einmal eine Sanddüne hinunterrutschen, und heute kann mein Traum verwirklichen. Wir fahren zu der Agentur und leihen uns ein schmales und ein breites Sandboard. Mit beiden fahren wir zur Little Sahara – einer großen Sanddüne, die uns staunen lässt. Die Little Sahara ist überhaupt nicht klein. Hinter der ersten großen Düne liegt ein Meer aus goldgelbem bis weißem Sand, das in der Sonne seidig schimmert.

Mit dem schmalen Brett versuche ich, wie auf einem Snowboard den Berg hinunterzufahren. Ich muss hinzufügen, dass ich auch noch nie die Schneevariante ausprobiert und daher keine Ahnung von der richtigen Technik habe. Es klappt jedoch ganz gut. Ich fahre los und rutsche die ersten Meter den Hang hinab. Dann werde ich allerdings so schnell, dass ich mich vor Schreck fallen lasse. Markus ist hingegen ein sehr guter Snowboardfahrer. Als er sein Können auf Sand beweisen will, sehen seine Schwünge allerdings bei Weitem nicht so galant aus wie im Schnee. Danach testen wir das breitere Brett und setzten uns darauf wie auf einen Schlitten. Als erste dürfen es Markus und Melissa probieren, nachdem wir zuvor den Bienenwachsstift, den uns der Verleiher mitgegeben hat, mehrmals über das Brett gestrichen haben. Damit soll es besser auf dem Sand rutschen. Und es hilft tatsächlich: Rasant sausen die zwei hinunter und kippen ganz unten um. Zum Glück springen sie sofort wieder auf und strecken die Daumen in die Höhe. Nun will ich es auch ausprobieren. Es macht in der Tat einen Heidenspaß! Auf Dauer ist es allerdings auch ziemlich anstrengend, den Sandberg wieder hoch zu laufen. Melissa scheint das aber gar nichts auszumachen: Schnell ist sie oben und möchte wieder und wieder hinunterfahren. Als wir sie zum ersten Mal alleine fahren lassen, hat sie gar keine Lust mehr, uns als Beifahrer mitzunehmen. Wir dürfen aber natürlich das Brett hochtragen. Als wir nach zwei Stunden die Bretter zurückgeben wollen, fließen Tränen: Melissa möchte nicht aufhören, sondern lieber immer weiter den Berg hinuntersausen. Einmal noch lassen wir sie hinunterrutschen, dann bringen wir die Bretter zurück und stärken uns in einem Imbiss an der Hauptstraße mit Sandwiches. Anschließend machen wir noch einen Abstecher zum Vivonne Beach – dem angeblich schönsten Strand

Typisch australische rote Sandstraße auf Kangaroo Island

Australiens. Den Titel tragen anscheinend viele Strände des Landes. Die langgestreckte Bucht gefällt uns sehr gut. Nach den vielen Traumstränden, die wir auf unserer Australienreise schon gesehen haben, sind wir allerdings sehr verwöhnt und kommen nicht mehr ganz so stark ins Staunen wie noch beim Ninety Mile Beach.

Jetzt sind wir nicht mehr weit von unserer heutigen Unterkunft entfernt. Wir haben ein Zimmer im „Kangaroo Island Wilderness Retreat" reserviert und ich bin mal gespannt, ob mir mein vorzeitiger Geburtstagswunsch erfüllt wird: Ich hatte per E-Mail um ein kostenfreies Upgrade in die höhere Kategorie gebeten. Es hat tatsächlich geklappt: An der Rezeption erhalten wir den Schlüssel für eine *Courtyard Suite*. Ganz so luxuriös, wie das klingt, ist das Zimmer allerdings gar nicht. Sind wir vielleicht zu verwöhnt? Dabei sind wir eigentlich gar nicht so anspruchsvoll: Wir wünschen uns nur ein sauberes, helles und nicht zu kleines Zimmer. Die Größe passt und sauber ist es auch, doch leider fällt nur wenig Licht durch die schmale Eingangstür. Nach einem anderen Zimmer fragen wir nicht, denn erstens bleiben wir nur für eine Nacht und zweitens kommen wir nur zum Schlafen zurück.

Wir bringen schnell unsere Taschen ins Zimmer und fahren weiter zum Flinders Chase National Park ganz im Westen der Insel. Im Besucherzentrum sehen wir uns kurz um und kaufen uns zwei große Schokokekse, die wir uns mit Kaffee und heißer Schokolade auf der Terrasse hinter dem Hauptraum gönnen. Danach fahren wir zu einem beliebten Fotomotiv der Insel – den Remarkable Rocks. Die Steinformationen sind tatsächlich beeindruckend und laden mit ihren außer-

Sandboarder in der Little Sahara

gewöhnlichen Formen nicht nur uns geradezu zum Schießen lustiger Fotos ein, die beispielsweise zeigen, wie wir scheinbar mühelos einen tonnenschweren Brocken halten oder in einem ausgehöhlten Stein sitzen. Da es schon fast 18 Uhr ist, sind nicht mehr viele Touristen hier und wir können die bizarren Steinformation ungestört fotografieren. Der Nationalpark hat eigentlich nur bis 17 Uhr geöffnet, doch in der Touristeninformation hatten wir erfahren, dass wir noch hineinfahren dürfen. Wir mussten nicht einmal eine Eintrittskarte kaufen. Wir werden jedoch angehalten, vorsichtig zu fahren, denn mit der Abenddämmerung kommen die Tiere aus ihren Verstecken – besonders Kängurus sind dann gefährdet. Wir haben schon zahlreiche überfahrene Tiere am Straßenrand gesehen. Zum Glück hüpft uns kein Känguru vors Auto.

Später im Hotel können wir einen Artgenossen ganz aus der Nähe bestaunen. „Es lebt im Hotel und ist ganz zahm", erklärt uns eine Hotelangestellte. Sie gibt uns Karotten, damit wir es füttern können. Es ist kleiner als die Kängurus, die wir auf dem Festland gesehen haben, und hat ein dunkleres Fell. Zudem scheint es schon sehr alt zu sein: Wie in Zeitlupe hüpft es drei Meter und legt sich dann gemütlich in die Abendsonne.

Bizarre Felsformationen – die Remarkable Rocks

Auch wir lassen den Tag entspannt ausklingen. Wir hatten bereits bei unserer Ankunft einen Tisch im Hotelrestaurant reserviert. Wie sich herausstellt, eine weise Entscheidung: Erstens gibt es in der näheren Umgebung keine Alternativen und zweitens erweist sich das Essen als superlecker. Wir sitzen auf der Terrasse und erhaschen immer wieder einen Blick auf das Känguru, das sich ab und zu von seinem Platz fortbewegt.

Am nächsten Tag habe ich Geburtstag. Markus und Melissa singen mir ein Geburtstagslied und Markus hat sogar noch eine Überraschung für mich vorbereitet. Beim Frühstück spricht er kaum ein Wort und rutscht nach einer Weile immer unruhiger hin und her. Dann endlich, als wir schon so gut wie satt sind und fast aufstehen wollen, kommt die Kellnerin mit einem Kuchen herein. Wie beim „Traumschiff"-Abspann hat sie eine Wunderkerze darauf angezündet, die ich auspusten soll. Ich versuche, positiv überrascht zu wirken. Leider strahle ich dabei jedoch nicht über das ganze Gesicht, denn zum einen bin ich bereits satt und zum anderen mag ich keine Schoko-Sahne-Torte.

Australischer Steinfernseher

Leuchtturm in der Nähe der Remarkable Rocks

Markus ist natürlich über meine Reaktion enttäuscht und es kostet mich einige Mühe, den Geburtstagsvormittag zu retten. Wieso bin ich bloß so eine schlechte Schauspielerin?

Zum Glück verzeiht mir Markus rasch und wir fahren gut gelaunt zu unserem nächsten Ziel im Nordosten von Kangaroo Island. Die Inselhauptstadt Kingscote ist mit 1.700 Einwohnern der größte Ort der Insel und es geht dort etwas lebhafter zu. Auf der Hauptstraße finden wir Restaurants, Cafés, Souvenirläden und Geschäfte. Unser Hotel liegt direkt um die Ecke. Zu meinem Geburtstag haben wir hier ein Zimmer im „Ozone Seafront Hotel" reserviert. Auch wenn der historische Hotelteil mit seiner viktorianischen Fassade laut unserem Reisebüro den Charme aus früheren Zeiten ausstrahlen soll, verfügt unser Zimmer aber leider über wenig Charme: Es ist einfach nur dunkel und alt. Daher buchen wir um und ziehen in das moderne Schwesterhaus auf der gegenüberliegenden Straßenseite. Hier haben wir sogar einen Balkon und blicken direkt aufs Meer.

Wir nehmen uns gleich unsere Strandklamotten und fahren zur Emu Bay – nur etwa 15 Auto-Minuten von Kingscote entfernt. Wir hatten in

Hüpfender Hotelbewohner

einer Broschüre von einem weiteren Traumstrand gelesen und wollen ihn uns unbedingt ansehen. Mit einem Geburtstag im Januar komme ich zu Hause in Deutschland eher selten in den Genuss, die Füße an meinem Ehrentag in den Sand zu stecken. Vor zwei Jahren habe ich mir diesen Wunsch zum ersten Mal erfüllt, als wir Ende Januar nach Fuerteventura geflogen sind. Heute ist es wieder so weit und es kommt sogar noch besser: Am Emu Beach ziehen wir uns die Badesachen an und hüpfen ins Wasser. Es ist warm und reicht uns mehrere Meter weit, die wir hineingehen, nur bis an die Waden, so dass Melissa gefahrlos darin herumplantschen kann. Außer uns ist nur eine Handvoll von Besuchern an diesem traumhaft schönen Strand, aber das stört uns natürlich nicht im Geringsten. Aus dem weißen Sand bauen mir Melissa und Markus eine große Geburtstagstorte, über die ich mich viel mehr freue als über die Schokoladentorte am Morgen. Am Abend hat auch die Natur noch ein besonderes Geschenk für mich: Direkt vor unserem Hotel zeigt sich ein fast kompletter Regenbogen – ein perfekter Geburtstagsabschluss.

Emu Beach / Zum Geburtstag ein Regenbogen

Abschied von Australien

Am nächsten Morgen verlassen wir Kangaroo Island und setzen mit der Fähre wieder zum australischen Festland über. Den letzten Tag in Australien wollen wir in Adelaide verbringen. Je näher wir der Stadt kommen, desto wärmer wird es. Die Sonne strahlt und am Himmel zeigt sich keine Wolke. Da können wir uns nichts Besseres vorstellen, als noch einmal an den Strand zu fahren. Allerdings haben wir dabei nicht bedacht, dass heute, am 26. Januar, der *Australia Day* ist: Glenelg ist voll von Menschen. Wir haben zwar Glück und finden in einer Seitenstraße einen Parkplatz, doch sowohl am Strand als auch auf der Hauptstraße feiern Australier ihr Land. Der Nationalfeiertag erinnert an die Ankunft der ersten Flotte mit Strafgefangenen aus England am 26. Januar 1788 in der Bucht des heutigen Sydney und damit an den Beginn der Besiedlung Australiens. Von unseren Freunden hatten wir von der Regelung erfahren, dass, wenn der 26. Januar auf ein Wochenende fällt, der darauffolgende Montag zusätzlich frei ist – ganz schön großzügig vom australischen Gesetzgeber.

Viele Australier nutzen den Feiertag, um sich mit Freunden zum Grillen zu treffen. Wir laufen an Balkonen und Terrassen vorbei, auf denen Menschen gemütlich beisammen sitzen. Etwas ausgelassener feiern zahlreiche Jugendliche am Strand. Wir sehen sie mit der australischen Flagge herumlaufen – einige haben sie sich sogar auf ihr Gesicht oder ihren Oberkörper gemalt. Dazu dröhnt Musik aus den Restaurants sowie von den Bühnen, die an der Promenade aufgebaut sind. Dass Australier stolz auf ihr Land sind, hatten wir schon an anderer Stelle bemerkt: Beispielsweise erinnern wir uns an die zahlreichen Hinweistafeln in Supermärkten und Geschäften mit der Aufschrift „Australian Made". Einheimische Produkte werden viel stärker angepriesen als bei uns und sogar bei Restaurantketten mit australischen Betreibern fehlt nicht der Schriftzug „Australian Owned". Ausländische Produkte haben es daher nicht sehr leicht. „Teuer sind sie außerdem", erzählen uns unsere australischen Freunde, als wir sie fragen, ob es sich für uns lohnt, in Australien nach günstigen Produkten Ausschau

zu halten. Wir haben uns in dieser Hinsicht bisher sehr zurückgehalten und kaum in Geschäften oder Souvenirläden zugeschlagen. Dafür nehmen wir zahlreiche Erinnerungen und Eindrücke und natürlich jede Menge Fotos mit nach Hause.
Auch an unsere letzte Nacht wollen wir uns gerne zurück erinnern. Daher suchen wir jetzt eine schöne Unterkunft und fragen zuerst in der Touristeninformation nach freien Zimmern. Dort arbeiten zwei, die heute wahrscheinlich auch lieber feiern würden. Sie geben uns eine kurze Liste mit Unterkünften, die noch Zimmer anbieten, und schicken uns rasch weiter. Die Liste ist übersichtlicher als wir erwartet hatten – dabei waren wir gar nicht so blauäugig: Bereits auf Kangaroo Island hatten wir uns im Internet einen Überblick über die Angebote von freien Hotelzimmern in Glenelg verschafft. Da noch genügend Hotels Zimmer anboten, hatten wir uns entschieden, ohne Vorreservierung hierher zu reisen. Anscheinend haben sich jetzt auch andere Besucher dazu entschlossen, spontan nach einer Unterkunft zu suchen. Wir sind aber noch immer entspannt und geben die Hoffnung nicht auf, unsere letzte Nacht in einem schönen Zimmer zu verbringen. Nachdem uns das Zimmer im ersten Hotel nicht gefällt und im zweiten zu teuer ist, gehen wir die Promenade entlang, bis wir auf ein auffälliges Haus stoßen. Das „Stamford Grand Adelaide Hotel" steht direkt am Strand und wir staunen, als wir die Hotelhalle betreten: Wir stehen in einem hellen Raum mit einer großen Treppe und einem Klavierflügel – sehr gediegen, ohne dabei übertrieben zu wirken. Wir sind so neugierig geworden, dass wir uns ein Zimmer zeigen lassen. Der Preis ist uns jedoch zu hoch, so dass wir beschließen, unsere Suche fortzusetzen.

Von einem Freund hatte ich den Tipp bekommen, uns Henley Beach anzusehen. Dorthin fahren wir jetzt – vielleicht haben wir dort mehr Glück. Der Strand ist wirklich wunderschön und viel ursprünglicher als in Glenelg. Doch auch hier sind viele Menschen unterwegs. Im Ortszentrum halten wir an, um uns einen Überblick zu verschaffen. Ich gehe in ein Gebäude, an dem „Hotel" steht, und muss lachen, als ich sehe, was ich dort vorfinde: ein großer Raum voller Menschen, die entweder Billard spielen, sich lautstark unterhalten oder einfach nur an der Bar stehen. Ich erinnere mich an die Worte desselben

Sonnenuntergang am Glenelg Beach

Freundes: „In Australien gibt es Pubs, die ‚Hotel' genannt werden. Das stammt noch aus früheren Zeiten, als sie Reisenden Zimmer anbieten konnten – wenn diese auch nie genutzt wurden – um die Lizenzen für den Alkoholausschank zu erhalten." Ich gehe hinaus und schildere Markus, was ich gesehen habe.

Wir sehen uns noch ein Zimmer in einem Motel an. Als uns jedoch die Besitzerin den Preis nennt, der kaum unter dem Zimmerpreis im „Stamford Grand" liegt, entscheiden wir uns, zurück nach Glenelg zu fahren. Wir wollen nicht noch mehr Zeit an unserem letzten Tag in die Suche nach einer Bleibe investieren, sondern lieber an den Strand gehen. Daher fahren wir direkt zum „Stamford Grand Hotel" zurück. An der Rezeption erfahren wir: Das Zimmer sei jetzt günstiger, da es bereits nach 16 Uhr ist – und das inklusive Frühstück und Parkplatz. Haben wir ein Glück!

Unser Zimmer befindet sich in der achten von zwölf Etagen und somit haben wir von unserem Balkon aus einen grandiosen Blick aufs Meer. Jetzt hält uns auch nichts mehr davon ab, dort hineinzuspringen. Schnell ziehen wir unsere Badesachen an. Wir fahren mit dem Aufzug ins Erdgeschoss und laufen die paar Meter zum Strand. Das

Wasser ist herrlich warm und glitzert. Immer wieder springen wir in die Wellen. Wir können und wollen uns gar nicht vorstellen, dass wir morgen abreisen. Schnell vertreiben wir den Gedanken und laufen erneut ins Meer.

Wir genießen noch ein wenig die Abendsonne, bevor wir zurück auf unser Zimmer gehen. Von dort reservieren wir einen Tisch in dem Restaurant, das wir mit Sarah und Brenton besucht hatten. Frisch geduscht treten wir ins „The Strand" ein und sind auch dieses Mal wieder froh über unsere Wahl. Als wir zurück in Richtung Meer gehen, trauen wir unseren Augen kaum. Der Himmel ist feuerrot und glüht förmlich. Auch wenn es abgedroschen klingt: Es ist der schönste Sonnenuntergang, den ich je gesehen habe. Kann es einen kitschigeren und gleichzeitig besseren Abschluss für unseren Urlaub geben?

Wir genießen den Ausblick von unserem Balkon aus und beobachten, wie das Meer die Sonne allmählich verschluckt. Noch immer sind Menschen am Strand unterwegs, doch es ist bei weitem ruhiger als am Nachmittag.

Am nächsten Morgen scheint es, als ob nichts gewesen wäre. Der Strand ist sauber und leer gefegt und die Bühnen an der Promenade sind verschwunden. Ich ziehe meine Laufsachen an, um ein letztes Mal durch den Sand zu rennen. Der Strand ist zu dieser Zeit noch ganz einsam – bis auf ein paar andere Jogger und Spaziergänger. Zurück im Hotel packen wir unsere Taschen und gehen ganz entspannt zum Frühstück. Das Büffet ist reichhaltig und äußerst lecker. Mehrere Male kosten wir von dem frischen Obst, den frischgepressten Säften und den verschiedenen Brotsorten. Als wirklich nichts mehr in unsere Bäuche passt, gehen wir hinaus und spazieren noch einmal gemeinsam am Strand entlang. Wir nehmen Abschied von Australien, und es fällt uns schwer – insbesondere, weil das Meer heute Morgen noch einmal besonders verführerisch glitzert.

Auf die Frage, ob sich Australien für einen Urlaub mit Kleinkind lohnt, antworten wir mit einem klaren Ja. Der lange Flug sollte niemanden abschrecken: Es ist herrlich, vor Ort ohne dicke Klamotten herumzulaufen und entspannt in den Tag hineinzuleben. Damit das gelingt, ist es allerdings wichtig, sich nicht zu viel vorzunehmen.

Wir sind froh, dass wir hier fast sechs Wochen verbringen konnten, denn das Land ist riesig. Es ist schließlich das sechstgrößte Land der Welt. Bei nur drei Wochen Urlaub hätten wir eine kürzere Reiseroute geplant und auf längere Autofahrten verzichtet. Eine solche Vorausplanung möchten wir jedem empfehlen, der eine Reise nach Australien unternimmt.

Das gleiche trifft auch auf die Tagesplanung zu. Anstatt alle Sehenswürdigkeiten innerhalb kürzester Zeit abzugrasen, sollte man mit Kindern zwischendurch immer wieder Spielplätze und Cafés besuchen – das Kind wird es einem danken. Und ist es nicht auch schön, Sandburgen zu bauen, am Strand fangen zu spielen und eine große Tasse heiße Schokolade mit viel Milchschaum zu genießen?

Auch die Australier sind sehr entspannt und fast ohne Ausnahme kinderfreundlich: In vielen Restaurants erhielten wir ein Kindermenü und Malstifte für Melissa. Nur in wenigen Momenten hatten wir das Gefühl, mit Kind nicht erwünscht zu sein, wie etwa bei dem Versuch, eine Unterkunft in Byron Bay zu finden.

Ein weiterer wichtiger Punkt ist der Sonnenschutz. Auch wenn der Himmel bewölkt ist, sollte man sich eincremen und am besten zusätzlich einen Sonnenhut und am Strand ein T-Shirt mit UV-Schutz tragen. Jede Nachlässigkeit wird sofort mit roter Haut und im schlimmsten Fall mit einem Sonnenbrand bestraft.

Was die Reiseplanung angeht, wären wir bei unserem nächsten Australien-Besuch mutiger und würden darauf verzichten, die meisten Hotels im Voraus zu buchen – außer in den großen Metropolen. Die Website *www.wotif.com* bietet eine gute Möglichkeit, Unterkünfte vor Ort zu buchen, und das bei guten Konditionen. Außerdem helfen die Touristeninformationen mit Listen freier Unterkünfte weiter und übernehmen im besten Fall sogar gleich die Buchung der gewünschten Bleibe.

Mit der Mietwagenbuchung über *www.sunnycars.de* waren wir sehr zufrieden. Weder bei der Anmietung noch bei der Rückgabe gab es Probleme und der Zustand des Mietwagens war tadellos. Apropos Mietwagen: Wir fanden es ein wenig umständlich, die Mautgebühren online oder über das Telefon mit der Kreditkarte zu zahlen. Das Procedere kostete uns einige Zeit und Nerven, und wir hoffen, zu Hause keine böse Überraschung in Form von Zahlungsaufforderungen im Briefkasten vorzufinden.

Bevor wir zurück ins Hotel gehen und uns auf den Weg zum Flughafen machen, überreden wir Melissa, ihr Strandspielzeug einer Familie mit kleinen Kindern zu schenken. Sie macht das bereitwillig und wir versprechen, ihr im nächsten Strandurlaub einen neuen Eimer zu kaufen. Dann können wir die Abreise wirklich nicht weiter hinauszögern und steigen in unser Auto. Die Fahrt zum Flughafen dauert nur rund fünfzehn Minuten und auch dort geht alles schnell: Wir geben den Mietwagen ab und checken ein. Die restlichen Minuten vor unserem Abflug schlendern wir durch die Geschäfte am Flughafen und versorgen uns in einem Zeitschriftenladen mit Lesestoff.

Der Glenelg Beach am Tag der Abreise

Drachenspielplatz in Cann River (Gippsland, Victoria)

Singapur

Energie Tanken vor dem Weiterflug

Der Flug von Adelaide nach Singapur vergeht schnell: Melissa freut sich über ihr Kinder-Menü, das Eis und die Kinderfilme, die sie auf dem kleinen Bildschirm direkt vor ihrem Sitz anschauen kann. Außerdem gibt ihr die Flugbegleiterin unseres Quantas-Fluges erneut eine Tasche mit Spielsachen. Ich lese in meiner australischen Zeitschrift und Markus wundert sich, dass ich mich damit so lange beschäftigen kann. Nach sechseinhalb Stunden landen wir und müssen mit der Flughafenbahn nur ein kurzes Stück fahren, da unser Hotel direkt am Flughafen liegt. Im „Crowne Plaza Changi Airport Hotel" bekommen wir ein modern eingerichtetes Zimmer und freuen uns, unsere Beine ausstrecken zu können.

Nach einem ausgedehnten Frühstück am nächsten Morgen gehen wir alle zusammen in den Fitnessraum. Melissa turnt auf einer Matte, während Markus Gewichte hebt und ich auf dem Heimtrainer ins Schwitzen komme. Danach springen wir in den riesigen Außen-Pool, in dem sogar Palmen stehen. Wir sind die einzigen und finden es gar nicht schlimm, nicht nur vom Pool-Wasser nass zu werden. Es regnet in Strömen und wir sind froh, dass wir uns gegen eine Fahrt ins Stadtzentrum entschieden haben.

Da unser Flugzeug erst am Abend um 23 Uhr startet, haben wir Zeit. Entspannt packen wir unsere Taschen zusammen und essen im Hotel, bevor wir zum Flughafengebäude gehen. Dafür müssen wir nicht einmal vor die Tür, da das Hotel direkt mit dem Flughafen verbunden ist. Genau wie die Stadt ist auch der Flughafen von Singapur extrem sauber. Es fällt uns nicht schwer, uns hier den restlichen Tag zu vertreiben: Wir schlendern durch Geschäfte und halten an den vielen Spielplätzen, die wir im Flughafenkomplex finden. Melissa turnt, hüpft, klettert und springt bis kurz vor dem Check-In. Völlig erschöpft schläft sie dann am Gate in meinen Armen ein. Ich trage sie ins Flugzeug und lege sie wie schon beim Hinflug auf den Platz zwischen uns. Wir haben Glück, denn auch dieses Mal schläft sie bis kurz vor der Landung in Deutschland.

Zurück in Frankfurt

Temperaturschock und Jetlag

Wir landen am Samstagmorgen in Frankfurt. Es ist noch finster und bitterkalt. Wegen der leeren Straßen wirkt die Stadt gespenstig. Wir fahren mit der U-Bahn nach Hause und holen uns Brötchen bei unserem Lieblingsbäcker in der Nähe unserer Wohnung. Die ersten deutschen Brötchen nach sechs Wochen schmecken köstlich, doch wir leiden am Urlaubs-Blues: Wir frieren und wollen am liebsten sofort wieder in die Sonne fliegen.

Nur Melissa scheint das alles nichts auszumachen. Glücklich läuft sie in ihr Zimmer und begrüßt ihre Spielsachen. Später schaukelt sie voller Freude auf dem Spielplatz im Holzhausenpark. Dabei scheint es ihr egal zu sein, dass sie nun statt eines T-Shirts und einer kurzen Hose einen Schneeanzug tragen muss. Markus und ich jedoch gähnen um die Wette und versuchen, uns wach zu halten. Noch einige Tage kämpfen wir mit der Zeitumstellung. Melissa dagegen ist sofort in ihrem alten Rhythmus und kehrt am Dienstag mit einem großen Strahlen in ihren Kindergarten zurück.

Was uns am besten hilft, den Urlaubs-Blues zu bekämpfen: Vorfreude auf unser nächstes Reiseabenteuer. Ideen dafür stecken schon in unserer Schublade.

Wahre Sportsfreunde kennen keinen Urlaubs-Blues!

Allen anderen bleibt nur, den Mond anzuheulen...

... oder sich in neue Abenteuer zu stürzen.

Barbara Barkhausen
Das Australien-Lesebuch
Alles, was Sie über Down Under wissen müssen

MANA

Das Australien-Lesebuch

Australien ist ein Kontinent der Superlative, wo das Schöne, das Extreme und das Fremdartige miteinander einhergehen. Bekannt als Ort unterschiedlichster atemberaubender Landschaften, Heimat der Beuteltiere und so bizarrer Wesen wie Schnabeltier und Dornteufel zieht es viele in seinen Bann. Für echte Down-Under-Interessierte gehört es sicherlich auch zum Allgemeingut, dass der fünfte Kontinent neben dem ältesten Regenwald und dem größten Korallenriff der Welt auch etwa sechsmal so viele Schafe wie Menschen beheimatet.

Aber nicht jeder Australien-Begeisterte kennt zum Beispiel die seltsame Pflanze, die als seit Jahrmillionen ausgestorben galt, bis sie zufällig in der Nähe von Sydney „wiederentdeckt" wurde. Und viele, die schon von der Magie derTerra australis erfasst worden sind, werden festellen, dass sie in diesem Buch ihr Wissen über die Kultur der Ureinwohner und deren für Europäer so rätselhafte "Dreamtime" noch erweitern können – oder interessante, ihnen bisher unbekannte Facetten der gesellschaftlichen und kulturellen Entwicklung des Landes seit der europäischen Besiedlung kennen lernen.

All das und Vieles mehr bietet dieses Buch: nicht nur eine abwechslungsreiche Lektüre bei der Erkundung des Outbacks und des Großstadt-Dschungels, sondern auch eine faszinierende Lese-Reise für jeden, der sich dem fünften Kontinent zunächst nur in seinen Träumen nähert.

Barbara Barkhausen
Das Australien-Lesebuch
Alles, was Sie über Australien wissen müssen
Klapp-Broschur mit vielen farbigen Abbildungen
416 S., 18 x 21 cm
ISBN 978-3-934031-72-2

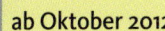